▷ 新生代农民工融入城市生活丛书

认识篇

主编　王御覃　冯刚民

编委　王御覃　冯刚民
　　　张国魁　贺宝恕
　　　刘富刚　郭延会
　　　康亚民　金小芳

WUHAN UNIVERSITY PRESS
武汉大学出版社

图书在版编目(CIP)数据

认识篇/王御罩,冯刚民主编.—武汉:武汉大学出版社,2010.10
(2013.10 重印)

新生代农民工融入城市生活丛书
ISBN 978-7-307-08093-5

Ⅰ.认… Ⅱ.①王… ②冯… Ⅲ.农民—劳动就业—基本知识—中国 Ⅳ.D669.2

中国版本图书馆 CIP 数据核字(2010)第 159679 号

责任编辑:聂勇军   责任校对:黄添生   版式设计:王 晨

出版发行:**武汉大学出版社** (430072 武昌 珞珈山)
　　　　(电子邮件:cbs22@whu.edu.cn 网址:www.wdp.com.cn)
印刷:武汉中科兴业印务有限公司
开本:880×1230 1/32 印张:6.375 字数:139 千字
版次:2010 年 10 月第 1 版 2013 年 10 月第 7 次印刷
ISBN 978-7-307-08093-5/D·1028 定价:16.80 元

总　　序

21世纪以来，指导"三农"工作的第7个中央一号文件于2010年1月31日发布。一号文件提出，要"着力解决新生代农民工问题"，这是党的文件中首次使用"新生代农民工"这个词。

新生代农民工，通常指1980年代、1990年代出生的登记为农村户籍而在城镇就业的人群。他们生长在农村，初高中毕业后进入城镇就业，或是自幼随打工父母在城镇长大。这部分农民工平均年龄23岁，八成未婚，多数初中毕业，总计约1亿人。

从20世纪80年代农民小规模的"盲流"，到90年代农民开始成规模、有计划地向城市流动，再到21世纪农村学生中学一毕业或没毕业就到城市打工，我国农民的城市化已经从自发被动变成自觉。在这一过程中，根据流动程度大小，我们可将农民工分为三个群体：一是基本融入城市的农民工；二是常年在城市打工、同时流动性较强的农民工；三是间歇或季节性在城镇务工，仍然兼顾农业生产的农民工。目前，第二类是农民工的主体。这些新生代农民工有一个共同特点：排斥自己的农民身份。有关调查显示，新生代农民工中，只有8.7%的人认为自己是农民身份，75%的人认为自己属于工人群体。他们对农业陌生，也不愿像父辈那样回到农村，他们不但文化素质较高，视野开阔（能从报纸、杂志、书籍、电视、网络等多种渠道获取知识、信息），易于融入城市（能成长为现代产业工人和接受城市生活方式），而且更为重要的是，他们拥有理想，富有工作激情，渴望更好的城市生活，期望通过自己的奋斗，能够实现在城市安居乐业的梦想。

然而，梦想很"丰满"，现实却很"骨感"。尽管近年来我国为进城打工农民工出台了许多保障措施，努力提高他们的工作地位，维护其基本权益，力图让他们体面劳动，过上有尊严的生活，但现实面前我们不无遗憾地发现，限于种种困难，这些政策、措施并没有完全落实下去，或暂时无法贯彻执行。在许多城市，一些农民工仍像20世纪80年代那样辛苦一月仍只能得到几百元，抛开基本生活费所剩无几。农民工地位仍很低，不但劳动合同签订率低，而且欠薪、工伤事故和职业病发生率过高。此外，社保体系也不完善，无法实行"一卡通"，造成农民工不愿办理社保。据全国总工会课题组调查显示，目前新生代农民工中，享有养老、医疗、失业保险的比例仅分别为21.3%、34.8%和8.5%。此外，户籍、住房、子女教育也是一个很大的问题。农民工尽管为城市做出了巨大贡献，却无法像城里人那样享受城里人该有的生活及福利待遇等。

因此，农民工朋友要想在城市站稳脚跟，找到一份相应的稳定工作并融入城市，最终成为城市的一员，还有很长的路要走。

但梦想终归是美好的，城市化进程已是大势所趋，农民工融入城市将只是时间问题。有鉴于此，我们特组织专门人员编写了这套《新生代农民工融入城市生活丛书》，这套丛书一共四本，分为认识篇，生存篇，安居篇，融入篇。每本书均定位准确，针对性强，注重实用性、指导性及操作性，无论你是准备进城务工还是想在城市长久生存，还是想在城市安居乐业，均能从本书中汲取相应的养分，寻找到合适答案。

当然，考虑到是针对农民工的读物，本书讲究通俗易懂、言简意赅，对当前困扰农民工的社保、医疗、住房及子女教育等如何融入城市的各种现实问题，本书并没有作太多过于高深的理论探讨。我们认为，对这些共性问题，那只是理论专家的事，是政府领导人考虑的事，而不是本书所要讨论的事，本书的主旨就是以最浅显的论述，最亲切平和的语言，最富有条理的方式，让出门打工者切实认识城市，让进城务工者能在城市学会生存，让有所成就的农民工安居乐业，并为心怀梦想的农民工如何更好地融入城市提供相关指导。

新生代农民工如何融入城市是个大问题，也是现实迫切问题，我们相信，随着全社会对此问题的关注，随着中央系列关注新生代农民工的政策陆续出台，新生代农民工融入城市的脚步声将越来越近，新生代农民工定会同城市市民一样，同踏一方热土，同洒一腔热血，同拥光荣梦想，同享城市文明，同分城市财富。

市民朋友，面对这批数字庞大的"陌生"的城市准市民，你们已经准备好了热情的双手和火热的拥抱么？

编　者

2010 年 6 月

前　　言

信息时代，我们对城市并不陌生。即便是世代生活在乡村的农民，也少不了进城购物、走亲访友、观光旅游，更不用说那些在城里务工生存的农民朋友。然而，当我们真正在城市里扎根或求进一步发展的时候，情况就完全不同了，就不得不认真想一想：对于城市，我们究竟了解多少呢？

其实，城市并不是"城里人"的专利，世界上本来并没有"城里人"，"城里人"都是由"乡下人"演变而来的。只有一个道理：谁先来到城里并立下脚来，谁和谁的后代就是"城里人"。

现在，随着经济的快速发展和农村温饱问题的解决，我国的城市化建设也得到了快速发展。近几年党和政府在大力加强农业、农村、农民工作，推进农村现代化建设的过程中，采取各种措施加快城市化建设的步伐，首先是鼓励农村剩余劳动力向城市、向工业和第三产业转移；其次是放宽了城市户口管理，各地中小城市对进城投亲靠友的老人、小孩，对在城里有固定职业和稳定收入或购有住房的农村居民，均可以申报转为城镇户口。党和政府之所以这样做是因为农村剩余劳动力进入城市，特别是掌握了农业劳动技能以外的专业技能的劳动者和有经营能力、有经济实力的农村能人进城，才缓解了城市劳动力不足的困难，加速了城市工业的发展和第三产业的繁荣，极大地方便了城市居民的工作和生活。

综合来说，城市的生产力水平远远高于农村，城里人赚钱往往比乡下人更快、更多、更容易，劳动强度更小，生活水平更高，正因为这样，城市对农民朋友具有强大的吸引力，农民朋友向往和追求进城并实现安家落户，是社会进步的必然趋势。

但是，城市有和乡村完全不同的文化背景和生存要求，除了物质、文化生活的差距之外，观念上的差距更是一条无形的鸿沟，这一切都会影响到我们在城市的生活和发展。

与此同时，城市又有不同于乡村的生活规律，比如，生了病应该如何去看医生；遇到偷盗抢劫、火灾地震等紧急情况，应该怎样应付；怎样用最便捷的方法与家人联系；怎样用自己辛辛苦苦赚来的血汗钱，便宜而又安全地购买所需要的生活用品等，我们都需要去适应、去学习。

总之，我们面对的是一个全新的生活环境，只有认识它、了解它并真正融入其中，才能得到我们想要的生活。

为了帮助刚刚进入或即将进入城市的农民朋友对现代都市有一个初步的了解，我们特编辑此书，对现代城市各个方面的情况作了最基本的介绍。

希望本书能帮助大家轻松而自信地迈出城市生活的第一步。

作 者

2010 年 5 月

目　　录

第一章　都市，离我们并不遥远

城市化是社会进步的必然趋势

城市化是随着工业革命后，大工业的发展而出现的新的社会经济现象。一方面，农村人口不断向城镇转移，城镇规模和数量迅速增加，农业活动比重逐步下降，非农业活动比重逐步上升；另一方面，农村人的物质生活和生活方式逐渐向城镇转化和强化，人们的文明程度和生活水平不断提高，社会经济进一步集约化、高级化。

但为什么说，城市化是社会进步的必然趋势呢？

第一，工业化的要求。工业有着强烈的大城市区位指向，它需要城市功能的服务，需要大规模的工业基础设施支持，需要大量的劳动力，需要产业集聚的效益，需要紧靠它的最大用户——大城市。我国目前尚未完成工业化进程，向城市集中是不可避免的。

第二，信息化的要求。信息化将使大城市在信息交流、信息产业发展上的作用越来越重要。有的信息是不能从人体分离的，如电话的普及不仅没有减少反而大大增大了人员往来的交通量，可以说大城市在信息经济时代具有明显的优势。

第三，服务产业的要求。服务产业是城市经济的重要一环。城市规模越大，就意味着用户基数越大，服务业的商机越大。只有在大城市，门类齐全、高度配套、分工细致、功能明晰的服务产业才会有广阔的生存和发展空间。

第四，发展效率的要求。我国作为工业化后发国家首先需要的是效率，因此不得不选择大城市的发展模式来加速它工业化进程的效率。工业化后发国家劳动力的转移是跳跃式的，农村劳动力从全国各地直接涌向大城市的倾向较大，农村劳动力直接进入各类现代化产业的情况普遍。

第五，全球经济一体化的要求。全球经济一体化意味着全球城市圈间分工、交流、合作、竞争诸关系的日益强化。只有大城市才能具备与世界进行分工交流所需要的完善的基础设施，只有大城市才能有足够的产业集聚和经济规模参与全球性的城市间竞争。

第六，国土利用效率的要求。现代化的国家应该把增长极放在城市空间，把粮食供应、国土保全的任务交给农村空间，不应该再向农村空间追求过多的增长效应。要创造出由城市空间返还一部分效益给农村空间的机制。

城市化进程助推打工潮

事物的发展都有其内部原因和外部原因，让农民进城打工潮一浪超过一浪，既有农民求富裕、求发展的内部原因，也是由我国城市化浪潮的强大外部原因造就的。

农村家庭联产承包经营责任制把大量劳动力从土地上解放出

来，现代科学技术在农业上的应用，又不断催生出更多的农村富余劳动力。过去需要大量劳动力耕作的土地，现在只需要少量的人就能够完成。农村富余劳动力要找到新的出路，而城市的迅猛发展，城市的基础设施建设、社会服务业又提供了充盈的岗位需要大量的劳动力前来拾遗补阙。城市的建筑、市政、环卫以及宾馆、商厦服务、商业销售，还有直接服务于居民生活的餐饮、家政、家居装修、美容美发、缝补等这些劳动密集型的行业，又都适宜文化技术水平不高的人来做。于是，农村的富余劳动力迅速地向城市迁移和集中，去从事非农业生产。

改革开放的 30 年间，我国有近 2 亿农民往返于城乡之间，实现了从农业向非农业就业的转变，中国的城市化率也从 1978 年的 17.9% 增长到 2008 年的 43.9%。但是，这一增长水平距离现代化国家水平尚远，我国的目标是在未来的二三十年间，城市从目前的 600 多座发展到 1 300 多座，城市人口也将从目前的占全部人口的 30% 增加到 65%；到 2050 年城市化率达到 70% 左右，接近"中等发达国家"水平。也就是说，在未来二三十年中，我国仍将处于城市化快速发展时期，还需要有更多的农村劳动力要向城市转移，成为城市建设的生力军。

城市建设正如火如荼，这客观上也带来了巨大的劳动力需求，这使得打工浪潮经久不息。

打工圆了农民致富梦

打工最直接的原因和结果都是增加了打工者的收入，让他们过上了好日子。农民的口袋里有钱了，他们会用这些钱加大对农业的投入，买种子、化肥、农用机械、饲养更多的家畜等，改善生产条件，扩大再生产，增加农产品产量和收入，使许多农民家庭由此脱贫致富。

过去买衣服、建房、医疗、文化娱乐、子女教育等消费在有些农村家庭是能省则省，有的农户甚至常年不花销，现在也变成了家庭的正常开支。贵州省安龙县某镇有 3 000 余外出打工者，两年汇回家乡 400 多万元钱。他们的家庭把这些收入用于建房、硬化院坝、栽花种草、美化房舍，使全镇 30% 的家庭告别了石木结构、草木结构的瓦房和茅草房，建起水泥钢混楼房。全镇 1 800 多栋水泥钢混楼房 80% 是打工人员家庭所建，人均住房面积达 40 余平方米，村容村貌发生了巨大改观。湖北省罗田县自 2005 年以来有 5 000 个外出打工户在县城或集镇内购买了新房，仅匡河乡就有 300 多个农户在城镇规划区内建了房。2007 年初该县县城一个商品房小区还未建成就被订购出 214 套，其中 119 套是外出打工农民所购，另有 18 套临街商铺也被外出务工农民预先抢购。不仅购房、建房，许多打工户人家还开上了家用小轿车。

丰厚的经济回报，吸引着成千上万的"泥腿子"卷起铺盖卷，义无反顾地离开家乡来到城市，在打工中获得财富，走向富裕。许多农户都把自己家出外打工的人称为"摇钱树"，因为他们对家庭做出了重要贡献。

现在，各地政府也非常重视农民工外出打工问题，把推动农村富余劳动力转移当作一项发展地方经济的一项重要工作来抓，并且在农民工外出前的就业培训，帮助外出务工的农民寻找就业岗位方面投入了巨大的力量，有组织地开展向外劳务输出。以广东省为例，该省 2008—2012 年每年计划投入 10 亿元用于劳动力转移就业培训，每年对 100 万在岗农民工进行技能等级提升培训，还要对全省 45 岁以下，有劳动能力的中青年农民都提供一次免费技术技能培训，这项举措有利于帮助农村家庭有就业能力的劳动力顺利实现非农就业的转移。

都市生活对农村人的改变

打工不仅仅让农民挣到了钱，而且从观念和能力方面，对农民都有不可估量的影响。农村中早几年走出去的人，不管他们以前是"庄稼娃"还是"乡里棒"，但不出几年，都能让人刮目相看。他们的见识、能力、自信，他们的穿着打扮，对家里的贡献，都与还在家乡务农的人有很大不同。

外出打工对人的影响是多方面的。打工的经历在打工者身上日积月累，无疑会影响和改变着他们的思想观念、思维方式和生活方式。观念上的变化和通过打工积攒的能力又会促使他们去进一步改变现实环境，促进自身的发展，从而改变自己的人生。

（一）打工改变人的思想

走出相对落后、封闭的农村外出打工，首先是视野一下子开阔起来，这让很多打工者有了更多的自我意识、经济意识，他们的人生观、价值观、婚姻观、生活方式等都发生了改变，进而影响和带动了家乡思想文化观念、生活方式的变迁。

1. 生活观念变化

长期以来，小农经济的影响和日出而作、日落而息的农耕生活方式养成了农村人普遍存在的自我满足的心态和缓慢的生活节奏。随着外出务工人数的日益增加，这种生活状态渐渐被打破。

经过打工生活的磨炼，打工者适应了快节奏的生活方式，时间观念增强；更具有市场竞争意识和协作精神；更注重自己的外在形象和内在的知识修养。体验了现代文明的生活，农村原有的生活标准不再令他们满足，他们要用自己的能力去改变家乡的生活环境。比如，现在已经是北京一家杂志社编辑的吴志勋，当年他从湖南老家到广东东莞打工时，最先是一家工厂的流水线工人。站稳脚跟后，他利用攒下的钱在自己家门前修了一条路，并接通了自来水管。

小富即安的心理也难以再让打工者接受，他们的打工愿望从最初的只为补贴家用变成更大的追求，从普通打工者做起，他们逐步想当主管、经理，有的甚至发出自己当老板的强烈愿望，并一步步践行着自己的理想。

2. 婚姻观念改变

过去，农村人的通婚通常局限在同村同乡之间，方式一般也是通过媒人介绍，男女双方家长认可后相见相识而成婚。现在则不然，年轻的打工者择偶大多不再需要媒人的介绍，选择范围也更宽，可以是同乡同学，也可以是同在外面务工的志同道合者，不管语言和生活习惯如何、家境如何，即使是跨县跨省，只要互相中意，就自由恋爱、自主结合。现在这种婚姻形式在打工者中很普遍。

四川性社会学与性教育研究中心胡珍教授主持了一项对年龄

在 18～35 岁的在成都餐饮、娱乐、商业、洗浴等服务行业就业的农村青年婚恋状况的调查。在被调查对象里有一个在城北某理发店打工的小钟，刚与老家的男友结束了恋情，转而选择了有理发技术的同事为男友。而在一家中餐馆当厨师的小赵正和在一家美容院做美容师的女友商量着春节带她回自己的老家过年。

　　胡珍教授的调查结果显示，现在青年农民工择偶观已和城里人基本一致，34.5% 的男性青年农民工把女方的"人格气质"列为择偶首要标准，而女性青年农民工则更看重男方的技能和修养。有二成以上的青年农民工花掉收入的一半，用来谈恋爱制造浪漫，有近四成青年农民工舍得花钱培养感情。在被调查者小李的一个账本上有这样的记录："吃饭 140 元，买花 10 元，看电影30 元……"这是他 2008 年 12 月份的恋爱花费。小李的女朋友是广元人，年龄相仿，都在保洁公司上班，两人每个月的收入加起来在 2 000 元左右。小李说他的工资除了一部分寄回老家外，其余都用在日常花销上了。休息时就和女朋友去逛逛街，偶尔看看电影，但高档电影院他们消费不起，一般就看 10 元左右的电影。2008 年圣诞节，小李还给女朋友送了 1 朵玫瑰花，让女朋友感动不已。

　　胡珍教授的调查还显示，随着青年农民工逐渐融入城市，受城市生活方式和思想观念的影响，"早婚早育"、"传宗接代"的传统婚育观念也在发生变化。1/5 强的青年农民工在婚后不想要孩子，悄然加入了城里人时兴的"丁克族"。以肖军兄弟俩为例，哥哥肖军来成都打工近 10 年了，目前在一家纯净水公司做送水工。两年前他把孩子从老家接到成都，"娃娃学习很努力，成绩也不错，但每个月要花掉 400 元，占我月工资的一半"，肖军说。肖军的弟弟去年也从老家来到成都打工，看到哥哥为了孩子活得那么辛苦，就和女朋友商量决定结婚后暂时不生孩子。旅游结婚成为约三成青年农民工的婚礼形式。

3. 社交观念变化

长期生活在农村的人，原本都是以血缘关系、地缘关系作为日常交往对象。打工初期，打工者也仍是依赖原来的这种关系来维持初来乍到的城市生活，他们遵循着"老乡见老乡，两眼泪汪汪"的古训，靠那些与自己同样进城的亲戚朋友解决出现的生存问题。随着打工生活的持续，打工者积累了城市生活经验，他们的生活圈子、社交范围开始扩大，而且他们更渴望结交更多的生活圈子以外的人，以获得广泛的信息，寻求更广阔的发展空间。他们原来的社交圈逐渐被新的、更广泛的社交网络所代替。

29 岁的孙志成 7 年前从安徽农村来到北京闯世界，先在一个建筑工地当小工，后又到一个报亭帮人卖报纸、杂志。在卖报纸、杂志过程中，他经常给一家杂志提销售方面的意见。后来这家杂志看中他肯钻研、有头脑，就聘他到杂志社做些搬运杂志等粗活。可是，他工作热情高，很快就与各地发行商建立了联系。正好这家杂志社缺发行人员，于是又聘他做发行经理。他认为机遇来了，利用各种机会广泛结交业务伙伴，经常参加他们的聚会，还和业界的一些朋友建立起了 QQ 群。现在，他的社交圈子里既有老乡，又有业界同行，还有生活中的朋友。

4. 教育观念改变

"没有文化照样种田"，这种想法在过去的农村非常普遍。见识了外面的世界后，"没有文化走向社会会吃亏"早成为打工者的共识。许多年轻的打工者打工挣钱后，利用业余时间去补习文化课或学习职业技能，已婚者也都在为子女教育攒钱。

甘肃天水礼县的刘家有个没有文化的农村妇女，她有两个儿子，一个上小学，一个上初中。开始她出来给人当保姆只为接济家用，在打工中她看到了人与人之间因为文化的差别而导致的收入不同。现在她打工的目标非常明确，那就是打工挣钱供孩子上学。她说："只要孩子考得上，读高中、读大学我都要供，再苦再累也值得。"

38 岁的向陆珍是贵州人，因为家里穷，小学没毕业就辍学外出打工，打工中结识了扬州籍的丈夫。现在夫妇俩都在北京的一个洗浴中心做搓澡工。来京工作 9 年，他们的收入几乎全部用在了儿女的教育上。为让他们接受最好的教育，她每月花 1 000 元把儿子寄养在北京的一对老年夫妇人家，让他们帮助每天接送儿子上学，晚上辅导功课；花高价让女儿在扬州读重点学校。2008 年女儿考上了南京一所大学动画设计专业。她说："不图别的，我们都吃了没文化的亏，不能让他们再像我们一样。"

农村进城打工者这种思想观念上的变化，对我国特别是农村思想文化观念的变迁，影响是深远的。

（二）打工提升人的素质

26 岁的川妹子刘香，17 岁就外出打工。这些年，她不仅自己决定了自己的婚姻大事，还常常主理家庭的重要事务，父母、兄弟姐妹的大事都愿意听她的意见。她之所以能够在家里说话算数，是因为她承担起了男性的传统的养家责任。她将钱寄回家供弟弟上学，还为家里盖新房子出了一半的费用。打工不仅让她获得了经济上的独立，还历练了她的能力，她在处理家里问题的意见往往令家人信服。这在过去，对一个农村女孩来说几乎是不可想象的。

像刘香这样的在打工者中很常见。外出打工带来的不仅是脱贫致富，打工生活的磨炼还让自身素质不断获得提升。

倪月梅是温州农村人，现在在北京秀水街做生意。她说："村里人都知道小学毕业的我现在专门和外国人打交道，会说俄语和英语。从他们语气里的那份儿羡慕，我知道在他们眼里，我是很成功的。"

倪月梅家世代务农，由于家里穷，刚上完小学就辍学回家。15岁那年，她开始了打工生涯，先在温州的一家水产公司当工人，每天要杀几千条鲜鱼。后来她听从别人的建议，向亲戚朋友借了一点钱，到杭州做服装生意。在杭州，她一天工作10个小时，掌握了如何做服装生意的一套进货、卖货程序和如何与人打交道，怎么应付顾客的杀价等经验，但没赚到钱，连创业时借的钱都没还上。

1992年，倪月梅听人说北京生意好做，便和丈夫一起到了北京。一次，在和客户聊天中她得知北京有一个秀水街，做外国人的生意，同样一双鞋，在她的店里只卖几十元钱，可秀水街的商户一张口就向外国人要一两百块。于是，她决定进驻秀水街。做外贸生意经常和外国人打交道，可小学毕业的她对外语一窍不通，干着急，无法与客户沟通。为此，她开始疯狂地学俄语。她把每个俄语单词注上中文意思，然后死记硬背。用这种方法，她学会了俄语，又学会了英语。做外贸一个订单就有好几十万元，倪月梅从外国人手里赚到了钱，她在北京买了房子、买了车。在乡亲们眼里，她很风光。

许多打工者通过进城打工，做了他们过去想做不能做，甚至想都没想过的事情，让他们成为了一个有作为的人。在城市里，他们和城里人一样活跃在各个领域，有的已成为高级技工、企业管理者、成功的商人，甚至打工文学的作家等。因为在外打过工的人有能力，有见识，许多地方政府还选拔返乡农民工当村干部，让他们带动乡亲们致富发展。

（三）打工带来新的发展机遇

让打工者精神面貌非同一般的，还因为打工如人生的阶梯，它帮助打工者一步步地成才，向成功者迈进。那份儿在晋升中获得的成就感，比挣钱更令打工者自信和自豪。

陈子良原是广东山区的农民，只有小学五年级的学历，当年他上学时曾为了 1.8 元的学费而发愁。为获得一技之长，他把自家建房子的树木卖光，用这些钱考了个 B 级驾驶证。最开始他在深圳南油集团远东工具有限公司当司机，后做业务员。在带客户吃饭的过程中，他发现客家菜馆的生意很好，于是用自己打工的积蓄和从亲戚朋友处筹集的 4.5 万元，开了家客家菜馆，赚到了第一桶金。之后，他又借了 35 万元，连带押上用房产借的高利贷凑足了 100 万元，成立了一家电子来料加工厂。现在，这个最初的打工仔已是有着 800 多名员工的深圳市众鑫科技实业发展有限公司董事长，公司的电子产品遍布全国各大城市和美国、荷兰、法国、俄罗斯等地。一个只念过几年书的年轻人，是在打工的过程中找到了自己的人生坐标，创造了从每月挣 420 元工资到每年创 6 000 多万元利润的奇迹。

不管是主动还是被动，打工者除了挣到钱外，还经历了过去不曾经历过的事，结识了过去不曾认识的人，接受到了过去没有获得过的知识，发现和创造了更多的发展机会。对这一点，牡丹江宁安市某村党支部书记刘香珍最为清楚不过。

刘香珍有 3 个孩子，大女儿出嫁后，家里 4 口人全都是劳动力。她家既有农田作物，又有果树，还有温室大棚，在大忙季节还得雇人，但她还是鼓励子女走出家门，到外面去打工。她说，我宁肯花钱雇人干活，也不能将孩子拴在农村，因为我不能因眼前利益而让孩子失去机遇。她说，城市比农村更能改造人、锻炼人。特别是年轻人到城市工作和生活，可以开阔眼界，增长才干，更会有所作为。现在党和国家这样重视和关心农民，又提供劳动力转移这样好的机会，我为什么不鼓励和支持孩子到外边去闯一闯呢？她女儿开始在牡丹江市一家饭店当服务员，因工作不太适应，想打退堂鼓，她说服女儿打消回村的念头。后来女儿到一家规模较大的物流中心配货站工作，由于工作勤奋努力，业务水平提高很快，不到半年时间就成了单位的骨干，21 岁时就由一名业务员晋升为分站的经理。儿子毕业后她又让儿子到城里的一家饭店去打工。刘香珍有这样的打算，如果条件具备的话，自己和丈夫也要迈出农家院到外面去务工，亲身去体会一下城里人的生活。她说，人活着就是要不断塑造自己，努力改善生活环境。这是一个农村妇女也是一个农村党支部书记对外出打工的认识。中国有句老话，叫"树挪死，人挪活"，虽然背井离乡从一个地方迁到另一个地方，人总会充满对故土的留恋和未知的茫然，但无论如何流动的结果都是使人们获得了新的生存、发展机会，向文明和进步迈进。

（四）打工实现创业理想

有许多外出务工人员经过多年打工，积攒了经济实力，熟悉了某行业的业务，具备了一定的管理经验，走上了自己当老板的创业之路。当今许多知名的浙商都是打工者出身，他们有的做过鞋匠，有的做过木匠，有的干过推销员等，在走南闯北中，一步步发展起来。

在外出务工人员中，有人喜爱城市，有人则深深眷恋故土。家乡虽然贫穷，但他们梦想着有朝一日自己有了钱、有了能力后去改变家乡面貌。打工架起了这些农村年轻人理想与现实之间的桥梁，圆了他们的梦想。

近些年，有不少挣了票子，换了脑子，学会了管理和技术的外出务工者回乡办企业，不仅自己当上了老板，还促进了当地经济发展，吸纳了当地剩余劳动力就地就业。

40岁的甘肃天水人高红红，1987年到西安给做服装生意的个体户打工，打工期间学到了做生意的经验。3年后她回到老家，先在街边开店自己当老板，后扩大经营把生意做到当地最大的百货大楼。1998年，高红红从政府对农业的政策中看到了希望，她放弃了原来的生意，回乡投入了40万元承包了1 000亩土地，开始荒山造林，现在已经是全国绿化十大女状元。

黑龙江省林口县刁翎镇黑背村28岁的贾友玲高中毕业，家庭条件让她不必非得外出打工挣钱，但这位80后的姑娘有思想、有抱负，决定走出去，通过打工学习经验，为将来回乡创业打基础。1999年8月，贾友玲进了大连一家涂料厂，被分配到营销部门工作。她平时努力工作，不断充实自己的知识，每年回家探亲都要考察家乡的市场。经过大量调查研究后，她发现林口县高档环保涂料市场存在空白，于是向厂里提出了回乡投资办厂的请求。2006年5月，贾友玲在家乡建起了年产80吨新型环保涂料的林口县分厂，自己当上了老板。

中国现在普及了九年制义务教育，所以农村的80后打工者普遍都接受了很好的基础教育，其中不乏高中毕业生。他们以一种与他们的父辈截然不同的新姿态站到了城市打工的舞台上，他们有着自己的人生目标和人生规划。通过打工，通过城市生活的历练，学到更多、更先进的经验，将来的农村——这个正待开发的广阔天地，就是他们一展身手的大好舞台。

打工经济对农村现代化的影响

打工经济给城市带来的效益是显而易见的，不少高楼大厦、高速公路、餐饮、环卫等各行各业，都活跃着打工者的身影。难道打工经济只是从农村单方面付出吗？显然不是的。打工经济对农村现代化也有着强大的推进作用，这主要表现在农民工回乡创业方面。近年来，回乡创业的打工者越来越多，引发了一股不小的回乡创业潮。

在内地开发热潮中，少不了那些回乡创业者推波助澜的作用。早年他们随着打工大潮外出打工，十几年间完成了初期的资金积累，也历练出丰富的社会经验和较强技术能力。随着各地区经济发展加快，在家乡政府优惠政策和新商机的吸引下，他们陆续带着信息、技术、资金、项目等返回家乡创业。他们在实现个人当"大老板"的创业梦的同时，也带动了城市和沿海发达地区劳动密集型产业向内地的转移，促进了农村富余劳动力在本地的就业。

安徽省天长市汊涧镇女青年劳彦琴在上海浦东新区一家日本服装企业打工，学习服装生产和管理技术，2002 年回到家乡，挂靠江苏省的一家企业办起了一家箱包加工厂，吸纳当地农村劳动力 150 人，职工年工资人均在万元左右。

黑龙江省绥化市北林区四方台镇的王树国，几年前到哈尔滨市打工，从一个水暖修理工发展到做水暖安装生意。王树国富了没有忘记生养他的土地，他回村兴建了走四方植物纤维轻型墙板有限公司，年产值 300 多万元，有 70 多名当地农民在他的企业里打工，每人每月可赚 1 200 元。

据农业部乡镇企业局公布的数据显示，全国每年有近两亿农村劳动力外出务工，同时有近 500 万农民工回到农村发展现代农业、开办工商企业，兴办的企业总数约占全国乡镇企业总数的 1/5。比如，山西省长治市壶关县小逢善村 10 年前还是一个人均收入不足 800 元的小山村，如今却拥有水泥厂、构件厂、汉白玉厂等大小数家企业，年人均收入 9 000 多元。从 2004—2007 年，山西农村劳动力累计转移 440 万人，经过资金、知识的积累，眼界、思维的开阔，他们中已有 15 万人返回家乡，由打工者变成了创业者，其中 11.6 万人创办非农企业，1.1 万人从事规模养殖，1.3 万人从事规模种植，1 万人从事农业开发产业，还有 2 326 人担任了村干部，挑起了新农村建设的大梁。从 20 世纪 90

年代起，安徽省无为县返乡创业人员逐年递增，如今 40 万外出务工经商人员中，已经有 1 万多人回到家乡创业，他们把从沿海学到的技术、投资理念及积累下的资金带回家乡，独资或参股兴办起纺织服装、医药化工、电线电缆等各类企业，推动了家乡经济的发展，也让很多当地农民不出家门也能打工挣钱。

当年的打工者，当年的穷光蛋，一跃成为农村经济的领军者、弄潮儿。当初他们没有选择地被打工浪潮裹挟着涌向可能挣到钱或挣钱多的地方，而如今，他们作为成功者又引领着打工的新流向，同时，在农民工回流潮中发挥了举足轻重的作用。

梦想不再遥远——你也可以成为城市人

到外地打工赚钱，并不是我们今天才有的，人类自古就有人口迁徙流动的现象。翻开中国的历史，古代有羌人向青海一带的迁移，曹操驱使部队到西部的戍边屯田，明朝山西人向安徽等地迁徙的记录；近代有山东人一辈儿一辈儿地去闯关东，山西、陕北人成群结队地去走西口的流传。新中国成立后，20 世纪 50 年代的城市青年也大规模地支援过边疆建设，60 年代波澜壮阔的全国知青上山下乡运动，也是一种有组织的人口流动形态。当然，人口流动之最的还是如今的农民进城打工潮。

其实，城市人的祖先大都和你我一样，是面朝黄土背朝天的农耕者，曾几何时，他们随着社会的变迁或者战争移民而进入城市，有的是随着时代的演进，在城市蚕食农村时脱下布衣，成为了城里人。以珠江三角洲的广东省东莞市为例，东莞目前人口近

1 200 万，其中户籍人口只有 162 万，它的本地人口几乎都是洗脚上田的农民。

　　羁绊农民自由迁徙的是城乡分隔的户籍制度。新中国成立以来，在特定历史背景下，我国人口迁移政策与户籍制度几度出现变迁。新中国成立初期，因为社会主义建设的需要，全国大约有 2 500 多万农民自由地从农村流向了城市。按 1954 年颁布的《中华人民共和国宪法》的规定，人口是可以自由迁徙的。后来，三年困难时期城市就业岗位减少，政府动员已经进城的人口返乡和支援边疆建设，"人口自由迁徙"也从宪法中取消。

　　改革开放后，人口迁移不再受限制，人们可以自由地到全国各地经商、求学、就业。为推动农村的城镇化、现代化建设，政府还采取积极的政策措施，帮助农民向非农业的地方转移，包括逐步变革把人划分为"城里人"、"农村人"的户籍制度。2001年 3 月，我国政府宣布"县以下放开户口限制"，一些沿海省份进一步推出各种以住房或职业转变为前提的户口转变制度，于是有些"乡村人"开始变成真正意义上的"城市人"。

　　广东省是我国农民工输入第一大省。2008 年 5 月，广东省政府《关于做好优秀农民工入户城镇工作的意见》决定，取得技师以上职业资格证书的农民工可以直接将户口迁入珠江三角洲的城镇。这是全国第一个推进优秀农民工进城落户的省级专项政策文件。

　　2008 年末，北京市一份关于城乡经济社会发展一体化的意见提出，将探索建立城乡统一的户口登记制度。到 2020 年，城乡结合部、新城周边以及乡镇中心区的农村地区全部实现城市社区管理。这意味着北京将逐步取消农村与城市的户籍区别。而此前，全国已有河北、辽宁等 12 个省、自治区相继统一了城乡户口登记制度，取消了农业与非农业户口划分，统称为居民户口。

户籍制度关联着教育制度、医疗制度、社会保障体制和财政制度等一系列的制度，所以，要彻底改革它还需要很长的时间，但政府一直在积极推进，统筹改革，而且也创造了一系列进城打工的机会。所以，要成为城里人并不难。读了上面这些故事，相信有很多人都想试一试了。

第二章　认识现代都市

珠三角地区

珠三角概述

"东西南北中，打工到广东。"当年，第一代打工人高呼着这样的口号，冲向广东这片热土。以前，这里称为粤江平原，而如今，这片土地被称为珠三角。"珠三角"的概念首次正式提出是 1994 年 10 月 8 日，广东省委在七届三次全会上提出建设珠江三角洲经济区。包括广州、深圳、佛山、珠海、东莞、中山、惠州、江门、肇庆 9 个城市组成的区域，面积不到广东省的 14%，人口却占广东省的 61%。

20 世纪 90 年代后期，在"珠三角"的基础上出现了"大珠三角"的概念。"大珠三角"是指广东、香港、澳门三地构成的区域。2003 年，又提出来了"泛珠三角"的概念。"泛珠三角"包括珠江流域地域相邻、经贸关系密切的福建、江西、广西、海南、湖南、四川、云南、贵州和广东 9 省、自治区，以及香港、澳门 2 个特别行政区，简称"9+2"。至此，"珠三角"实际上涵括了"小珠三角"、"大珠三角"、"泛珠三角"三个不同层面既相互区分又紧密关联的概念。

珠三角属于热带气候，四季不明，三冬无雪，树木常青，田野常绿，霜不杀青，年平均温度在20℃以上，由于受海洋性气候的影响，珠三角既无酷暑，更无寒冬，整个冬天的平均气温在13.3℃，两件单衣即可过冬。珠三角雨量集中在夏季，冬季较少，适合芒果、菠萝、荔枝、香蕉、龙眼等热带性水果生长；夏秋多台风，但破坏性不大。

狭义上的珠三角是我国的第一个经济特区，在我国的大部分地区还处于或低于温饱线的时候，它已经向小康挺进了。珠三角经济的腾飞始于20世纪80年代，短短的20多年，这个区域已从一个封闭的农业社会全面转变成工业社会，成为我国著名的四大工业基地之一。该区人口只占全国6%，而出口占全国1/3，与长江三角洲并称中国经济两大"发动机"。

目前，整个珠三角经济的增长方式由外延式向内涵式、劳动密集型向资本和技术密集型、粗放经营向集约经营、传统工业向现代化工业、城乡分离向城乡一体化转型，形成了高起点的知识、技术密集型工业体系，高标准、大规模的第三产业以及竞争力较强的主体产业群。此外，在交通、通信、金融、信息咨询、高科技、旅游、文化和对外交流等方面，也形成了比较优势和综合优势。

珠三角地区经济的发展，是地理孕育了机会，历史创造了机会，党和国家的宏观政策催生了机会。同时，也与它自身的优势分不开。

独特的地理优势：这里有优越的自然地理环境，毗邻港澳，有天然海道良港，对外贸易方便。

优越的人缘优势：这里是全国较大的侨乡之一，在香港特别行政区、澳门特别行政区和台湾省及海外的侨胞达 1 000 多万人，分布在世界上 130 多个国家和地区，有利于招商引资。

较强的互补性优势：香港作为国际金融中心之一，资本、信息资源和人力资源丰富，但劳动力成本过高，市场容量小；澳门是世界著名的旅游城市，但发展空间狭小；珠江三角洲人力资源丰富，其经济的快速发展又吸引了内地大量廉价劳动力和技术人员，加上其经济的辐射作用，从而形成了巨大的消费市场。

经济后发展优势：与港澳和发达地区相比，珠江三角洲属于后发展地区。毗邻港澳的地缘优势，不仅为当地经济发展提供了大量的资金和技术，而且积累了经验和教训，改革开放 30 多年来，珠江三角洲区域的经济翻了几番，同时形成了良好的基础和产业条件及对外开放整体化经济结构。

人才和技术优势：由于珠江三角洲区域经济的高速发展和较高的经济待遇，吸引了内地大批各式各样的技术人才和管理人才，形成了它特有的技术、人才优势。近年来，广东省获得的专利技术占全国专利总数的 50% 左右，其中 80% 又在珠江三角洲地区。技术创新能力的提高有利于高新技术的消化、吸收和地区产业结构的调整和优化。

经过 30 多年的快速发展，珠三角已经成为全球最大的制造业基地，产业特征明显。拿东莞市来说，各个镇都有自己的特色，而且都具有一定的规模。像大朗的纺织业，厚街的家具业，虎门的电子业，都形成了一定的规模。仅虎门一个镇，去越南建厂的电子信息企业就有 300 多家，东莞还在越南建立了东莞工业区，主要的模式是越南出市场，东莞出资源。

美中不足的是，目前珠三角诸多企业只能赚到少量加工费的"打工经济"模式仍未根本改变。2007年前三季度广东工业增加值中仍有20%左右来自玩具、纺织、建材等传统行业。即使是深圳、东莞、惠州等珠江东岸城市，近年在发展电子产业等高科技产业政策引导下承接了大批IT硬件生产转移，仍未能从根本上改变珠三角的"工厂"地位。在珠三角生产出口的科技产品中，拥有自主知识产权仅占3%，而且其产品销售和服务网络也主要为外商所控制。然而，这一现实也表明，珠三角仍是以劳动密集型的企业为主，它吸纳的全国各地的打工者仍是以低技能的农民工为主。

随着时间的推移，各地来珠三角打工的人数越来越多，珠三角地区的各级政府对打工者的关注力度也越来越高，出台了各种有利于外来打工者的相关政策，为打工者带来了福音，同时也让珠三角的打工环境越来越规范。社会保险和加班等以前未被提及的事情，现在已经开始实行。已在东莞某电子厂打工十年的吴解华说，再有五年，她就可以领到退休金了。一个打工者领取退休金，这种听起来有些天方夜谭的事，在珠三角这片土地上正在成为可能。

说起珠三角，打工文化是不能被落下的。珠三角打工文化的丰富是任何一个地方都比不上的，自从《大鹏湾》开创了打工文学的先河，打工杂志便雨后春笋般在珠三角蓬勃生长。到目前为止，专门为打工人创办的杂志，粗略一算，已有十来种。除此之外，规模稍大一点的厂都办有厂报或厂刊。这些刊物，既丰富了打工者的精神生活，还让那些打工者中的文学发烧友成为了文化名人。打工文学在珠三角创造了奇迹，诞生了自己的打工诗人、打工作家，甚至有的打工文学青年因为打工文化而改变了自己的命运，成为了深圳人或者东莞人。

尽管 2008 年的经济危机让珠三角不再那么光芒四射，但是，对于打工者来说，珠三角永远都是一片热土，它会吸引着更多的人来此战斗。

城市印象——广州

广州，有着都市生活的一切，想融进这种美丽的生活不是件容易的事，但一旦迎着这个城市的朝阳开始新的生活时，你就会慢慢习惯它。

初到广州，你也许会选择去开发区，那里治安、绿化好，各种设施齐全，管理规范。许多外资企业在这里设有分厂，比如安利、高露洁、宝洁公司等。从最初的流水线上的员工做起，然后因为个人特长和努力受到重视，逐步升迁，不是没有可能。一般好的公司都注重企业文化，办有厂报厂刊，经常组织职工业余文娱活动。如果你是金子，一般不会被忽略掉。

五天八小时的工作制度，不过，大多时间都要加班。闲下来的日子，可以去图书馆，逛商店。上班要以快节奏，去上班路上可以把一辆单车骑得飞起来。下班的时间，就做回自己，慢下来，看城市的霓虹灯亮起，感受夜晚的凉风。这不就是在老家的时候，你热切向往的生活吗？在一座城市的车水马龙背后有你自己一个小小的身影。

对于每个打工者来说，广州就是这样，它能让你找到轻松悠闲，后又接受了它紧张与急迫。更重要的是，它让你远离了父辈们的农具，接近梦想中的岛屿，让自己的爱好在这里得到保留与延伸。

一个一年四季有鲜花绿叶的城市，做起活来手指不是冻得发僵，而是灵活自如的感觉，喜欢这个，只要适时出手就能抓住机遇。如果喜欢，你就停留。

城 市 概 况

广州市是广东省的省会，广州市下辖12个区（市），包括天河区、东山区、越秀区、荔湾区、白云区、海珠区、芳村区、黄埔区8个老城区和番禺区、花都区2个新市区，以及增城市、从化市。广州市常住人口738万人，外来人口已经突破500万人。

地理

广州地处中国内地南部，广东省中部，珠江三角洲北缘。濒临南海，背靠白云山，总面积7 434.4平方公里，珠江穿市而过，珠江的三大支流东江、西江、北江在此汇合流入南海。

气候

广州地处南亚热带，属南亚热带典型的季风海洋气候，具有温暖多雨、光热充足、温差较小、夏季长的特点。年平均气温为21.4~21.8℃，最低日均气温都在0℃以上。雨季在4~9月。冬季干燥寒冷，夏季温暖潮湿。

旅游

广州的风景名胜众多，有"羊城第一秀"之称的白云山，以及光孝寺、华南植物园、西樵山景区等。

交通

铁路：京广线是贯通南北的重要铁路干线，连通了我国北方各省、自治区、直辖市。京广线与广茂线、广梅汕线连接，使广州成为华南地区的铁路交通枢纽。广州火车站位于广州西北部的环市西路。

公路：广州有多条城际间高速公路和市内过江隧道。长途客运四通八达，可通往周边任何地区，穗港之间还有直通巴士。

水运：广州经济技术开发区的穗港客运口岸、洲头咀客运口岸、增城新塘客运口岸、番禺莲花山、南沙客运口岸等有直航香港的水运航线。大沙头客运站、西堤客运站通往其他地区。

公交：市内交通有公共汽车、电车、专线车、地铁等。普通车票价 1 元，空调车上车 2 元；地铁进站 2 元，然后按距离的远近收费。

出租：出租车起步价为 7 元，大车每公里 2.6 元，小车每公里 2.2 元。

城市印象——深圳

"深圳"这个几乎妇孺皆知的名字，自从被一位巨人的点睛之笔画了圈之后，她的魅力似乎就一直这么四射着，从不曾黯淡过。"挡不住的诱惑"引燃多少年轻人的激情，从全国各地涌来，在这里耕耘播种。

深圳是热情的。她的胸怀很宽广，向所有奔向她的打工者敞开怀抱。不管你来自城市还是乡下，你是高知还是文盲，你是 16 岁还是 60 岁，只要你来了，她都会给你一份工作。那星罗棋布难以计数的大小工厂，那内资外资形形色色的各行各业，套句俗话说："总有一款适合你。"倘若这些行业里还没有你的容身之处，只要你有敏锐的嗅觉，也能挖掘出一个在内地难得一见的新行当，说不定也赚他个盆满钵满。在深圳，找工作远比上海、杭州等城市容易。这里大大小小的人才市场很多，天天都有招聘会，从金领到蓝领，从高管到力工。在深圳，失业并不可怕，跳槽易如反掌，只要你不好高骛远，抱着一颗平常心。

深圳虽然年轻，却也是打工者聚集最早最多的城市。天南地北的老乡朋友，今天大家可以在一起谈笑风生，明天就会各奔东西。许多打工者来了就不想走了，他们会爱上这座城市。且不说这里的气候温暖，四季无冬，处处郁郁葱葱充满生机，适宜居住和生活；且不说这里时尚潮流，引领中国改革风骚；且不说这里生活多元，丰富多姿，视野开阔；单说这里的就业机会就足以引人驻留，有才华的施展才华，没才华的出点力气，钞票来得辛苦，来得也快；工厂多是包吃住的，穿上工衣，戴上厂牌，你可以做到不消费或少消费。打几年工，说不定就能在家乡盖上个小楼房。深圳的商机特别多，稍不留神逮住机会搞到个订单，或许你还能做成老板，风风火火赚大钱。

现代又特别的深圳真称得上"八仙过海，各显神通"，是爱是痛？是哭是笑？这就看你的本事了。

城 市 概 况

深圳是中国第一个经济特区。深圳市的前身是广东省宝安县。1979 年 3 月，国务院批准把宝安县改为深圳市。1980 年 8 月，深圳市划出 327.5 平方公里试办经济特区。1988 年 10 月，国务院批准深圳市计划单列。深圳市现辖 6 个县级建制区，即特区内的罗湖、福田、南山、盐田和特区以外的宝安、龙岗。总人口已经突破 1 200 万人，其中，户籍人口 165 万人左右，常住人口 432 万多人，外来人口约有 600 多万人。

地理

地处广东省中南沿海，全市总面积 2 050 平方公里，其中特区内 376 平方公里。东临大鹏湾，西连珠江口，南与香港特别行政区接壤，海岸线全长 230 公里。

气候

深圳属亚热带海洋性气候，气候温和，夏长冬短，春秋相连，夏季长达 6 个月。降水集中在 5～9 月，年平均气温为 23.7℃，最高气温为 36.6℃，最低气温为 1.4℃，夏秋两季偶有台风。

旅游

深圳有锦绣中华、中华民俗村、世界之窗等人文景观和西丽湖野生动物园、大梅沙浴场等。

交通

铁路：深圳铁路交通十分方便，京九、广九两条铁路干线交会于此，连接香港特别行政区，把内地、深圳、香港融为一体。

公路：广深、深汕、惠盐、盐坝、梅观、机荷等高速公路构成了深圳四通八达的高速公路网，可以快捷通往周边的城市。深圳有 3 个长途客运站，每天都有发往广州、汕头、湛江、福州、厦门及省内各县的班车。

水运：共有盐田、蛇口、赤湾等 8 个港口。深圳蛇口港每天都有往来于珠海、广州、澳门、香港、九龙的定期航班。

公交：深圳市内交通有公共汽车、公共中小巴、豪华双层旅游观光巴士等交通工具。特区的小巴是一大特色，上车 1 元，按距离远近收费，其他公交车有的上车 1.5 元，有的上车 2 元。

出租车：起步价 12.5 元，每公里 2.6 元。

城市印象——东莞

东莞是一个你可以选择她，她可以选择你的城市，也是一个不相信眼泪的城市。

不管你学历高或者低，都能找到工作，只要你能吃苦、勤快。身份证、工作证、厂证是你在这块土地上站稳脚的根须，缺少某一证，命运就像多变的天空，时而晴空万里阳光灿烂，转眼乌云翻涌大雨滂沱把你淋个浑身透凉。有时候一包方便面、一块面包就让你知道人间温暖和真正美食。

这里乡音在身前身后起伏，就像家乡春天归来的候鸟的啾鸣，最初你可能有些"老乡见老乡，两眼泪汪汪"的感觉在心底涌动。时间久了，和你结下深厚友情的却可能是与你毫无瓜葛的异乡人。

这个城市不仅经济最具活力，而且还是一个敢于舒展梦想翅膀的城市。傍晚，你路过某个工业区或乡镇，会看到灯光下运动场上龙腾虎跃的身影；如果你爱好文学，会发现每个企业都有自己的文化和报刊，每个区镇都有文学协会。当你与你多年崇拜的诗人、作家不期而遇，他们会爽快地握住你的手，邀请你去家里小坐，煲一罐粤式情感汤，兴许还会给你介绍一份更加适合你的工作。

这是一个创造奇迹的城市。你会发现许多外来者他们文化并不高却很有成就。因为，他们自己努力奋斗，从而改变了命运。

这是一个让你无法寂寞的城市。尽管平日里的夜晚，你可以在出租屋的某个角落里品着乡愁。

这个城市搭在时间的快车上，公交车每两分钟一趟驶向各个乡镇，载着南来北往的寻梦者驶向心中的驿站。

城市概况

东莞市是广东省三大中心城市之一，1985 年 9 月撤县设市，1988 年 1 月升格为地级市，下辖 4 个街道（莞城、南城、万江、东城）、28 个镇（石碣、石龙、茶山、石排、企石、横沥、桥头、谢岗、东坑、常平、寮步、大朗、黄江、清溪、塘厦、凤岗、长安、虎门、厚街、沙田、道滘、洪梅、麻涌、中堂、高涉、樟木头、大岭山、望牛墩）。全市陆地面积 2 465 平方公里，常住人口 162 万，外来人口 1 000 多万，有港澳台同胞 70 多万人，海外侨胞 20 多万人，是著名的侨乡。

地理

东莞位于珠江三角洲东北部，珠江口东岸，北距广州 50 公里，南离深圳 90 公里，水路至香港 47 海里，至澳门 48 海里。处于穗港经济走廊中间，是广州与香港之间水陆交通的必经之地。

气候

东莞属亚热带海洋性气候，气候温和，年平均气温 23.30℃。冬季穿两件衣服就可以过冬，到东莞打工的朋友，只需要带上夏季服装，另外再带上薄毛衣和外套即可。

旅游

虎门的鸦片战争博物馆，海战博物馆是重要的历史遗迹；位于西平水库与水濂山水库腹地的东莞绿色世界群山连绵，自然景色优美；虎门大桥是我国自行设计建造的第一座特大型悬索桥，是标志性的旅游景点。

交通

东莞是沟通广州、香港以及珠江两岸和深圳、珠海两地的交通枢纽。

铁路：有广九、广深、广梅汕、京九等多条线路的车次经过。东莞火车站位于常平镇，有直发广州、深圳、上海、北京、重庆等全国 20 多个大、中城市的客运列车。

公路：莞深、常虎、龙林、南环、北环等多条高速公路构成了四通八达的高速公路网，市区内的 6 个和周边城镇的 4 个长途汽车站随时有发往各地的班车。

水运：东莞位于珠江出海口，溯珠江而上，可分别通达粤东、粤北、粤西乃至广西等地。虎门港是国家一类口岸，对外籍船舶开放，每天有客货轮直达香港。

公交：市内公交车上车 2 元，从市区到周边城镇的城巴按距离的远近收费。不通公交车的地方可以乘摩的到达，一般价位在 3~5 元。

出租车：以车型分三个档次，起步价分别为 5 元，1.8 元/公里；6 元，2 元/公里；7 元，2.4 元/公里。

长三角地区

长三角概述

长江三角洲地区是我国最大的经济核心区之一，这是个存在已久远，近年才轰然而响，几乎在一夜之间受到了整个中国乃至世界关注的地区。长江三角洲是指由长江入海形成的扇形冲积平原，它位于长江入海口，自然条件优越，区位优势明显，经济基础良好，区域内共有 1 个直辖市——上海，3 个副省级城市——南京、杭州、宁波，还有江苏省的苏州、无锡、常州、镇江、盐城、连云港，浙江的湖州、嘉兴、绍兴等 18 个城市。这里是我国目前经济发展速度最快、经济总量规模最大、最具有发展潜力的经济板块。长三角地区占全国 2.2% 的陆地面积，10.4% 的人口却创造了全国 23% 的国内生产总值、24.5% 的财政收入、28.5% 的进出口总额。

长三角地区产业、金融、贸易、教育、科技、文化等实力雄厚，具有带动长江流域经济发展、连接国内外市场、吸引海外投资、推动产业与技术转移、参与国际竞争与区域重组的重要作用。近年来，长三角以其良好的基础设施、发达的科技教育和日趋完善的投资环境，成为国内外投资者关注的热土，成为打工者的又一根据地。

长三角属亚热带季风气候，雨量充沛，湖泊密布。盛产水稻、小麦、棉花、油菜、花生、蚕丝、鱼虾等，是著名的鱼米之乡，也是我国人口最稠密的地区之一。

地理上的长三角，很像一个大写的"Z"字，以上海为中心，苏南与浙江北部地区刚好呈两翼散开。长三角地区的经济发展，也正是以上海为领头雁，浙北、苏南呈两翼的形态。从对整个内陆地区的辐射效果来看，再没有其他任何一个地区可以与长三角媲美。

工业是长三角地区经济的支柱，起着举足轻重的作用。近几年来，制造业的蓬勃发展是推动长三角地区本轮经济高速增长的源动力。

长三角地区号称世界六大都市圈之一，每隔 30 公里就拥有一座城市。在这片中国最富饶的土地上，充满活力的大型城市群正在不断崛起："超级巨人"上海，年国内生产总值已超 10 000 亿元，位列全国第一；"重量级巨人"苏州、杭州、无锡、宁波、南京，年国内生产总值在 2 000~5 000 亿元；"小巨人"绍兴、南通、常州、台州、嘉兴，年国内生产总值在 1 000 亿元以上。

这一经济巨人群，更直接吸引了众多世界级经济巨人的目光。目前，世界 500 强企业已有 400 多家在这一地区落户。据不完全统计，这一地区合同利用外资累计已近 1 500 亿美元，长三角已变成一个吸引国际资本与技术的强大磁场。大量外企的存在，使得长三角地区的经济国际化程度大幅度提升，"中国制造"的产品源源不断地从这里走向世界。同时，也吸引着无数的打工者从珠三角转战到此。

目前，长三角地区经济已初步呈现整体发展态势，各地依托区位或资源比较优势，逐渐形成了自己独特的产业优势。同时，江、浙、沪三地正在积极发展区域经济合作，联手实施错位发展战略。上海是长三角地区经济实力最强的城市，经济扩散的中心，产业布局的重心。上海强化高层次现代服务业及资本技术密集型高新技术产业发展，而江苏、浙江则突出先进制造业及其相关服务业发展，并通过发达的交通通信和较为成熟的市场体系实现了区域整体产业分工协作与互动，从而确立世界先进制造业中心龙头地位。

核心城市上海从长三角地区的区域整体发展出发，根据"市中心体现繁荣，郊区体现实力水平"的总体要求，结合地域紧密度和产业关联度，构筑起三个圈层的产业布局。内环线以内，以发展金融保险、商贸物流为代表的高层次服务业为重点，适当保留都市型工业，重点是浦东新区发展现代服务业和新兴战略产业；陆家嘴金融贸易区重点发展金融、商贸等现代服务业；外高桥保税区加快形成出口加工、现代物流、国际贸易和保税商品交易展示四大功能；张江高科技园区以技术研发、创新制造为先导，重点发展生物医药、信息产业等产业；金桥出口加工区重点发展电子信息、汽车及零部件、现代家电、生物医药等产业。内外环线之间，以发展高科技、高增值、无污染的工业为重点，完善现有工业区，重点发展微电子、光电子、计算机及其软件、新材料、机电设备、现代生物工程与医药等高新技术产业。外环线以外，以发展第一产业和第二产业为重点，集中建设市级工业区，提高经济规模和集约化水平，加快建成第六大世界级制造基地，重点发展汽车、电子及通信设备、电气机械、普通机械、服装等产业。

以上海为中心，苏州提出了近水楼台、四沿布局的发展战略；无锡的口号是融入一体化，谋求新发展；南京是呼应上海，辐射周边；而杭州则要接轨上海，错位发展。以上海为龙头，苏南地区的外向型经济、集体经济与浙北地区的民营经济，将共同打造一个内容完整的产业链。

与此相适应，长三角正在打造"3小时经济圈"路桥交通网络。届时，以长三角雄厚的产业基础和既有的区位交通、科研、劳动力素质、人文环境、政府工作效率方面的优势，加上政府引导,"长三角制造"将不仅仅是一种概念,而是一种产业链条上的良性循环,使长三角地区更为坚实地朝中国制造业基地的方向迈进,使"长三角都市群"成为中国经济增长的晴雨表。

"长三角城市群"又称沪宁杭城市群,是上海、江苏、浙江毗邻地区的 18 个市组成的都市群,包括:上海市;江苏省的 9 个市:南京、苏州、扬州、镇江、泰州、无锡、常州、南通、连云港;浙江省的 8 个市:杭州、宁波、温州、湖州、嘉兴、舟山、绍兴、台州。

"长三角城市群"的城市体系很完善,1 个特大城市、16 座大城市、55 座中等城市、1 446 个城镇全部纳入"3 小时经济圈",形成金字塔式的城市体系。

上海堪称城市"巨人",年国内生产总值已超 10 000 亿元,位列全国第一。2008 年中国城市综合竞争力排名上海位居第二,杭州位居第六,无锡位居第七,苏州位居第八,南京位居第九,宁波位居第十二。杭州、无锡、苏州、南京、宁波 5 个城市年国内生产总值都在 3 000 亿元以上,绍兴、南通、常州、台州、嘉兴、金华、盐城、扬州、镇江、泰州等城市年国内生产总值在 1 000 亿元以上。长三角还聚集着近半数的全国经济百强县,县域经济为长三角都市圈带来丰富性和层次感,极具竞争力。

城市印象——上海

都说上海是全中国最小资的城市,但是普通的打工者也能在这里生活得很自在。不信,带你走走看。

吃在上海——

吴江路的小吃一条街闻名上海,它的旁边是南京西路,有上海最顶尖的购物场所中信泰富、恒隆广场,紧邻上海电视台,是上海最繁华的地段,但"吃"在那里,却属于大众消费。街道两边饭店林立,川湘粤鲁各式菜汇集,朋友聚会吃一顿饭,如果AA制的话,分摊下来也就几十元一人。这里的"小杨生煎",生意火爆到不管你什么时候去,店门外永远都有人排长队。

城隍庙的五香豆、南翔馒头是众人皆知的名品。这里,血糯米羹、糟田螺、粉丝鸡血油豆腐汤、炸臭豆腐干等家家也叫卖得很欢。

此外,上海的快餐业非常发达,街边提供面食、盒饭的小饭店很多,几元钱就能解决一顿,非常适合行色匆匆的求职者。

穿在上海——

在上海,打工者的购物天堂当然是七浦路、襄阳路、陕西路这些地方了。七浦路是服饰批发兼零售市场,全国各地的服装商都会往这里赶,里面的衣服又多又便宜,一到周末,挤满了来淘宝的女孩子们。从日韩风格、潮流服饰,到各种包包、内衣、牛仔,应有尽有。只要会淘,就能找到做工面料都一流的外贸衣服来,但价格却便宜得让你不敢相信。

陕西路主要是卖鞋子的,休闲的、运动的、时髦的、妖艳的,各种风格的鞋在这里都可以找到。逛过陕西路,就到了襄阳路。在"将时尚进行到底"的招牌下,日韩、欧美最新、最酷、最炫的服饰大都可以在这里觅得踪影。

城隍庙是专门卖小商品的,只要你想得起来的东西都能找到,足以看得你眼花缭乱,慢慢逛能逛上一整天。

行在上海——

出行,在上海是最方便不过的一件事了,不管多么偏僻的地方，都至少会有一班公交车通往火车站。而火车站就是城市的交通枢纽，到哪里的车都有，四通八达。

周末的时候，乘车到外滩，沿着南京路一路往人民广场走，再到淮海路，看看城市风情，或者逛逛福州路书店一条街，淘淘新书，在迪美地下商场转悠一下，买点新鲜小玩意……上海的几十家公园都免费开放，可以一家一家逛过去。其实在很多时候，快乐和金钱无关。

城 市 概 况

上海是我国的经济中心和金融中心之一。上海港是世界第一大港口，港口吞吐量约占全国 1/3。

上海市户籍人口 1 352.39 万人，登记非户籍常住人口近 400 万。全市辖有浦东新区、徐汇、长宁、普陀、闸北、虹口、杨浦、黄浦、卢湾、静安、宝山、闵行、嘉定、金山、松江、青浦、南汇、奉贤 18 个区，崇明 1 个县。浦东新区是我国第一个综合配套改革试点区。

地理

上海位于长江的入海口，全市面积 6 340.5 平方公里。境内有崇明、长兴、横沙 3 个岛屿，其中崇明岛面积 1 041.21 平方公里，是我国的第三大岛。

气候

上海属亚热带季风性气候，气候温和湿润，春秋短，冬夏长，全年平均气温 18.1℃，雨量十分充沛。上海每年有春雨、梅雨、秋雨 3 个雨期。1 月平均气温 3.5℃，7 月平均气温 27.8℃。秋、冬季节宜备毛衣及大衣。

旅游

上海是中国近代史的缩影之一，建筑很有特色。外滩、石库门房子以及各种海派建筑、现代设施，汇聚了古今中外的各种建筑风格。佘山、淀山湖、深水港、崇明岛等为远郊休闲度假旅游胜地。

交通

公交：上海市公交线路按运营时间分，有日间公交车、"2"字头的早晚高峰车和"3"字头的夜间车；按地域范围分，有浦西线、浦东线、过江线（含大桥、隧道线）和郊区线。上海火车站、人民广场、徐家汇、中山公园、五角场为市内主要公交换乘枢纽。

票价：13公里以下常规线路普通车单一票价1元，13公里以上普通车单一票价1.50元；空调车单一票价2元。"5"字头的大巴专线车，"6"字头的浦东专线车，"8"字头的中巴专线车和"9"字头的双层车或空调大巴，以及观光巴士为多级票价。

出租车：上海出租车起步价为11元，超过3公里后每公里2.1元；超过10公里后超过部分每公里按50%累计增收；夜间每公里加收30%。

城市印象——无锡

提起无锡，当然会想起太湖、大阿福、酱排骨、阿炳和天下第二泉。

无锡虽然是长三角发达城市之一，但生活消费并不高。吃，在无锡要比在附近其他城市便宜很多。快餐店两荤两素只要5

元，还想简单点的话，3 元钱也能吃饱。夏天的时候，还有冷拌面、炒菜饭，只要 1.5 元就能叫上一份，惠而不贵。快餐吃腻了，同事、朋友约上几个人，上小饭店点上几个菜，一结账一个人也就三五块钱。一千来元的收入，生活在无锡，可以如鱼得水。

下了班，散着步就到了无锡最热闹的市中心商业大厦。商业大厦是无锡最老、最著名的百货商店。附近还有百盛、八佰伴、新世界等大百货公司。如果嫌贵，拐个弯，就到了健康路服装一条街，那里的服饰时尚、前卫，大多数年轻人都喜欢在那里买衣服。

逛街逛累了，商业大厦附近的城中公园前面，小吃店云集，挂粉汤圆、小笼包、手推馄饨、酸辣汤，吃得你只恨自己肚子小，装不下那么多美味！八佰伴的对面就是三凤桥肉庄，里面的无锡酱排骨是最正宗的。还有王兴记的蟹黄包、蟹粉小笼已经成了无锡的一道美食风景，每次去人都满满的，要等上半天。

无锡靠近太湖，太湖"三白"——白鱼、白虾、银鱼是无锡的上品。用太湖"三白"做出的菜味道特别鲜美，仅一道"银鱼炒蛋"，就能美得你把舌头都吞进去！兴致来了，还可以和同事借几辆自行车，去太湖大道兜风。

无锡的绿化好，稍微有点年数的马路两边都长着茂盛的大树，看过去，满眼都是森森的绿。玩的地方就更多了，南禅寺位于无锡南门运河水道转角处，环绕着妙光塔。南禅寺四周有各式饭店、小吃、茶馆，有邮票、钱币、花鸟、古玩市场和书店，还有剪纸的、捏面人的、浇糖人的等民间艺人在此献艺……形成了一个比上海城隍庙、南京夫子庙蕴涵更广的寺庙式市场。

蠡园，传说是范蠡和西施泛舟归隐的地方，小巧旖旎，玲珑入胜；梅园，从冬天到初春，梅花次第绽放；太湖边上的鼋头渚公园，更是全国各地的游客到无锡都要赏玩的地方；锡惠公园里，有天下第二泉和民间音乐家阿炳的墓地，静坐其中，仿佛听到二泉映月凄美婉转的乐声缭绕低回不已。

城 市 概 况

无锡是全国 15 个经济中心城市之一和全国 10 个重点旅游城市之一，素有"太湖明珠"之称。总面积为 4 650 平方公里，其中市区面积为 1 632.7 平方公里。辖江阴、宜兴 2 个市（县）和锡山、惠山、崇安、北塘、南长、滨湖和新区 7 个区。全市总人口 438.58 万人，外来人口 177.6 万人。外来人口中，1/3 来自省内苏北，半数以上来自四川、安徽、河南、贵州 4 省。

地理

无锡市地处江苏省南部、长江三角洲中部，北靠长江，与天然良港——张家港为邻，南濒中国第三大淡水湖——太湖，西离南京 183 公里，东距上海 128 公里。

气候

无锡属亚热带湿润区。受季风环流影响，主要气候特点是冬夏季长，春秋季短；夏季炎热多雨，春秋季干湿、冷暖多变。

旅游

无锡旅游景点众多，主要有太湖游览区、古运河人文游览区、吴文化游览区、江阴人文景观游览区、宜兴生态园林游览区等。

交通

铁路：无锡是华东地区重要的铁路枢纽之一，沪宁铁路与已建成的新长铁路相交于此。沪宁线上几乎所有的列车均停靠无锡。此外，无锡还有始发上海、南京、杭州、宜昌、南宁、怀化的列车。

公路：沪宁、京沪高速公路在此交会，江阴大桥沟通了江南与苏北各城市。无锡有 3 个长途客运站，无锡汽车站位于火车站西侧，走高速公路的快客多由该站发出。无锡客运总站位于火车站北面，主要发市郊各乡镇及苏北、南通、千岛湖、温州等地的普通客车。无锡汽车西站是往浙江、安徽方向的始发站。

公交车：普通车单一票价 1 元，空调车单一票价 2 元，多为无人售票车。上海交通一卡通可在无锡公交车上刷卡使用。

出租车：起步价 3 公里 8 元。

城市印象——苏州

苏州是妩媚的，秀丽的江南水乡风光使她独具魅力，苏州又有一种安详的大气，2 500 多年的历史孕育了苏州深厚的吴文化底蕴。

最具有苏州特色的街巷是山塘街，沿河而建，石板的巷子幽深安静，木质雕花的门和窗，青灰的墙面斑驳剥落，见证着沧桑岁月。苏州河蜿蜒流过，不时有船行在河面上。

出了山塘街，转过一条马路，就到了苏州最热闹的石路步行街。广场、商店、酒吧、餐馆都集中在这里，典型的现代商圈布置。女性时尚街里都是一家家小店，服装、鞋、小饰品、毛绒玩具、包，琳琅满目。

　　观前街，因街在玄妙观前而得名。玄妙观内广植桃花，花开花落，满街碎锦，旧时又称碎锦街。观前街非常热闹繁华，店铺鳞次栉比，一向是游客品尝苏州特色小吃和购买物品的必到之地，是苏州最富标志性的一条街。和观前街平行的有一条小巷，叫太监弄。太监弄酒肆兴旺，得月楼、王四酒家、上海老正兴、元大昌、功德林等名家菜馆在此比肩而立，有"吃煞太监弄"的说法。一到晚间，这里车水马龙，热闹异常，就算不去吃，看看这歌舞升平的大好景象，也让人神怡。

　　苏州地处长江三角洲，气候宜人，交通便利。旧时官宦名绅退休后多到苏州择地造园、颐养天年，成就了苏州诸多的园林。苏州的园林自然意趣与文人写意交融，留园、网狮园、沧浪亭、狮子林、拙政园、怡园等，各个咫尺之内有乾坤，中国山水花鸟的情趣，唐诗宋词的意境，蕴藏于假山、树木、亭台楼阁、小桥流水之中。其他景点如虎丘、寒山寺、北寺塔等，更是远近闻名。

　　在苏州生活，平和安详。早上上班的时候，街头巷尾，都随处可见卖早点的小摊子。苏州的小吃都偏甜，但吃惯了，自有一种别样的味道，什么鸭舌、酱汁肉、青团，吃了，就会爱上它们。苏州人性格大都温和，有个笑话，说苏州人吵架像唱歌一样，足见吴侬软语的动听悦耳。苏州的马路两旁，有很多是高大的香樟树，四季常青，因而苏州即使在冬天，看上去，也是云烟氤氲。马路两边，时不时地会看见一些亭子，翘起的飞檐，古色古香。刚到苏州的时候，很疑惑，怎么走半天也看不见公交站台呢？后来才发现，路边那些古色古香的凉亭，便是。

城 市 概 况

苏州是我国的历史文化名城和重要的风景旅游城市，是长三角重要的中心城市之一。下辖张家港市、常熟市、太仓市、昆山市、吴江市，吴中区、相城区、平江区、沧浪区、金阊区，以及苏州工业园区、苏州高新区、虎丘区。目前，苏州外来打工者已高达333万人，而本地人口约为599万。在苏州，外来务工人员被称作"新苏州人"。在下辖的张家港市，已有90%的"新苏州人"子女在公办学校就读。

地理

苏州位于长江下游，东临上海，南接浙江，西抱太湖，北依长江。全市面积6 267平方公里，其中市区面积1 650平方公里。

气候

苏州位于亚热带湿润季风气候区，温暖潮湿多雨，季风明显，四季分明，冬夏季长，春秋季短。无霜期年平均长达233天。气温平均日差为7.5℃，春季最大为8.2℃，秋季次之为7.7℃，冬季为7.5℃，夏季最小为6.9℃。

旅游

苏州是全国重点旅游城市，古城街道依河而建，形成"小桥、流水、人家"的独特风貌。苏州的拙政园和留园被列入中国四大名园，寒山寺等寺观名刹多为文物古迹，虎丘山、灵岩、天平、洞庭东山西山、邓尉、虞山、玉山等处是天然的风景胜地。

交通

铁路：沪宁线上几乎所有的列车均停靠苏州。苏州—上海往返的火车平均每隔 20 分钟左右就有 1 班，单程票价 7~22 元，车程 40 分钟至 1 小时 30 分钟不等。上海到苏州的城际列车，每天上午从上海新客站发车，40 分钟即可到达。

公路：长途汽车站每天有高速大巴开往上海、昆山、张家港、吴江、常熟、太仓等地。

公交车：空调无人售票车票价 2 元/人，普通无人售票车票价 1 元/人。有的市郊线路实行"翻牌票价"，即全程票价不一，上车门有块由司机翻动的提示牌，标明此站上车的票价。

出租车：起步价 10 元/3 公里。3 公里后每公里单价 1.8 元；5 公里后加收 50%空驶费；等候 5 分钟不计费，超过 5 分钟，每 5 分钟折合 1 公里计价；23：00 后，起步价增加 30%。

人力三轮车：部分景点分布于小巷中，以三轮车为代步工具。三轮车起步价 2 元，每公里加收 2 元，包车时，每人每小时 5 元。

小贴士

苏州工薪待遇诱人

苏州市最低工资标准 620 元，而实际上绝大多数企业都比这个高。在高新区，基本工资一般是 800~1 000 元，加班再按 1.5 倍或 2 倍的标准算，一般农民工的月收入都超过 1 000 元，在 1 000~1 500 元的占大多数，30%的人能达到 2 000 元左右。

另外，苏州市劳动保障部门规定各企业必须为员工提供养老保险、失业保险、医疗保险、工伤保险等。这个规定在大多数企业基本上能实现。在苏州工业园，多数企业还实行了公积金制度，为工人设立公积金账户。

城市印象——杭州

"上有天堂，下有苏杭。"杭州之所以闻名于世，是因为有西湖。没去过杭州的人都想去这个人间"天堂"看看。到了杭州你才能真正领悟这天堂美的含义。

西湖坐落于杭州城西。西湖的美，不仅在湖，也在于山。西湖三面环山，西湖风景区以西湖为中心，分为湖滨区、湖心区、北山区、南山区和钱塘区，总面积达 49 平方公里。

偌大的西湖，处处是景，湖光、山径、临水楼阁、倚山岩舍，任何一处都会让人流连驻足。西湖的湖光山色与杭州城交融在一起，让人分不清哪儿是西湖美景，哪儿是杭州城市市景。其实，杭州就是个花园城市。

杭州除了有西湖，丝绸、天竺筷、龙井茶叶也闻名遐迩。除此以外，杭州人也是蛮热情和友善的。杭州人热情，一看见你在看地图，就会主动过来给你讲解路线。据说，杭州话是中国最好听的。说这话的人是那个民国末年美国驻华大使叫司徒雷登的。杭州话确实有些独特，周边都是差不多的浙江口音。

说到杭州话，不能不说说浙江的方言。多山的浙江形成了许多独特的地方文化，最明显的是方言。浙江方言大体上属于吴语，但同为吴语，南北、东西差异极大，彼此不能通话。如温州为一种，丽水为一种，而衢州、金华及杭州建德等地的有些相似，宁波、台州、嘉兴、湖州、诸暨及杭州地区多个县的互相又能听懂，所以说的人比较多。在杭州你会发现，大家聊天时都是各说各的话，而最常听到当然是那最正宗的杭州话。

城 市 概 况

杭州是浙江省省会，是国务院确定的全国重点风景旅游城市和历史文化名城，素有鱼米之乡、丝绸之府、"人间天堂"的美誉。杭州市现辖拱墅、上城、下城、江干、西湖、滨江、余杭、萧山8个区，临安、富阳、建德3个县级市，桐庐、淳安2个县。全市户籍人口652万人，流动人口约160万人。

地理

杭州位于中国东南沿海，浙江省北部，钱塘江下游北岸，京杭大运河南端。全市总面积16 596平方公里，其中市区面积3 068平方公里。

气候

杭州气候温暖湿润，四季分明，年平均气温17.8℃，夏季平均气温28.6℃，冬季平均气温3.8℃。每年3~4月春暖花开，是最好的季节。6月下旬至7月初是梅雨季节。8月上中旬是台风多发季节。9~10月天气转凉，常有较强的冷空气活动。

旅游

杭州自然景观、人文景观丰富，自然景观主要有西湖风景区、千岛湖风景区，人文景观以灵隐寺、六和塔、飞来峰、岳王庙等最为著名。

交通

铁路：杭州有沪杭、浙赣2条铁路干线和萧甬、杭牛、金千3条支线。市内有2个火车站，始发车多从新客站——城站发车，有始发至北京、上海、广州、沈阳等地的车次；东站则多为停靠杭州的车次。

公路：杭州有通向省内外的国道、省道公路 19 条，市内有 4 个长途汽车客运站，有发往江苏、北京、河南、湖北、山东、安徽、上海、广东、福建、重庆等省市及省内各地的车次。

水运：位于环城北路的武林门客运码头每天都有发往苏州以及无锡的客轮。发往苏州的客轮每日 17：30 开船，次日 7 时到达；发往无锡的客轮每日 18 时开船，次日 8 时到达。

公交车：普通电车、公交车票价 1 元，空调车票价 2 元；以"3"开头的郊区车和以"5"开头的专线车实行多级票价。旅游专线车票价一般 2～5 元不等。公交营运时间一般为郊区车 6：00～18：00，市区车 5：00～22：00。8 路、228 路、251 路、208 路为夜间车。市区公交车几乎全部为无人售票车，车上不找零。

出租车：市内起步价 10 元/4 公里，之后每公里单价 2 元，超过 8 公里每公里单价 2.4 元。

城市印象——温州

温州，是个有"小巴黎"之称的城市，当她的繁华和气派从四面八方向你迫来的时候，会让你产生一种措手不及的惊讶感。

温州地处中国内地环太平洋岸线的中段，一面沿海，三面依山。因自古就是中国九大海港之一的缘故，这里完全没有山城的感觉。却因为舶来的风尚，而令初到这里的人有一种身处异国之感。

温州有"鞋业之都"之称，鞋业发达，海内外闻名。这里主要是批发，价格便宜得惊人。老城中心是最热闹的地方，到处是鞋店，各种各样的鞋子看得眼花。不过若是去买一双鞋子，还是不要到那里去，因为价格也会贵得令人咋舌，而且还不一定有人搭理你。

到温州打工的人很大一部分都在各个鞋厂上班，有很多能吃苦、肯钻研的人在这里学到了制鞋的本事，出去闯天下成就了一番事业，所以这里也是藏龙卧虎之地。温州轻工业发达，除了皮鞋踏遍天下，还有遍布城乡的制衣厂、打火机厂、刀剪厂等，这些行业都能让打工者学到一技之长。

温州商业水准很高，但是普通生活也可以过得简朴——物价不高，各种风味小吃可口、价廉。最让人喜欢的是，温州的小吃卖主富有人情味，生意再忙，也会跟顾客聊上几句，哪怕这个顾客只买一份便宜的"矮人松糕"。温州人精明灵活又敦厚踏实，在温州问路，温州人会很热心、很详细地把路线说给你听，如果有两条公交线都可以到达你要去的地方的话，他们还会告诉你，坐哪一条更快捷，可以少走几步弯路等。他们对于外来人常问的一句话是："在温州习惯不？"异乡人的心，会在这盈盈一笑的问话里，温暖得漾出水来。

温州的衣服一贯受各地女孩儿的青睐，市区纱帽河是温州有名的"女人街"，那里的衣服款式好看又便宜，各种舶来化妆品也很多，不过假货也不少，价格像弹簧一样，一不小心，辛苦挣来的银子，就缩水了很多。

商业味很浓厚的温州人，骨子里却很尊重知识，对有文化的人有一种本能的尊重。温州历史上文化名人也不少，比如中国山水诗鼻祖谢灵运，思想家叶适等，都是温州的文化名片。

温州书吧很多，有的大书店像茶馆儿一样，备有桌椅、茶饮。飞霞路的北山书店书的种类最全，挑一本喜欢的书，上二楼的书吧，再要一杯茶，就能在钢琴曲淡淡的低回中，在书香和茶香中，让时光抚慰自己……

城 市 概 况

温州是浙江省三大中心城市之一，也是我国东南沿海重要的商贸、工业、港口与旅游城市。

气候

温州属亚热带海洋性季风气候，温和湿润，冬无严寒，夏无酷暑，光照充足，雨水充沛。

7月份最热，平均气温 27℃，全年平均气温 18℃。

旅游

江心屿、雁荡山为温州主要旅游风景区。江心屿位于温州市区北面瓯江之中，总面积约 7 万平方米。2000 年，东瓯大桥建成通车，把江心屿和南岸的市区和北岸的瓯北连为一体。雁荡山是国家级重点风景名胜区，史称"东南第一山"。

交通

铁路：已经建成的金温铁路和已经开工建设的温福铁路、甬温铁路，构成了温州纵横交错的铁路网。其中金温铁路最大的客运站温州站已成为日均到发旅客 2 万人次以上的铁路一等站。金温铁路最大的货运站温州西站年货物吞吐量达 400 多万吨。

公路：温州现有甬台温和金丽温 2 条高速公路。宁波至温州的甬台温高速公路，把从杭州到温州的行车时间由过去的 6 小时缩短到 4 小时。温州有新南站、新城站、西站、东站、客运中心、黄龙 6 个长途汽车站，每天有 1 000 多辆公路客运班车发往各地。

公交车：温州市内有公交大、中巴线路数十条。大巴单一票价 1.5 元，中巴车 1.5 元起价，按路程计价。26 路为观光车，票价 2 元。

出租车：起步价 10 元/4 公里，超过 4 公里每公里 1.40 元；夜间起步价 12 元，每公里 1.68 元。

轮渡：温州安澜亭—（永嘉县）瓯北码头轮渡，运行时间为 5：00~23：00，5 分钟一班，票价 1 元。

环渤海地区

环渤海概述

环渤海地区是指环绕着渤海全部及黄海的部分沿岸地区所组成的广大区域，位于太平洋西岸的北部，是我国北部地区的黄金海岸。

渤海是个内海，被辽东半岛、山东半岛和华北大平原呈"C"字形所环抱。这里的海岸线约占全国的1/3，沿海岸线分布着 40 多个港湾及 29 个大、中、小港口城市，宛如一串宝石项链，镶嵌在祖国北部的版图上，璀璨夺目。

环渤海经济圈是指以辽东半岛、山东半岛、京津冀为主的环渤海滨海经济带，同时延伸辐射到山西、辽宁、山东及内蒙古中东部。环渤海地区地处东北、西北、华北的结合部，是我国北方经济最活跃的地区。环渤海地区整个大范围占据中国国土的12%和人口的20%，是继长江三角洲、珠江三角洲之后，又一个中国经济板块乃至东北亚地区中极具影响力的经济隆起地带，在对外开放的沿海发展战略中，占有重要地位。

与珠三角、长三角相比，环渤海经济圈的区域经济发展可谓是起了个大早，却赶了个晚集。环渤海区域内经济合作自20世纪80年代中期就提出，但30年来走走停停。当长三角和珠三角后来居上，已逐步走向区域经济一体化时，环渤海还依然处于"概念"阶段。

打工者集聚在长三角和珠三角不是没有道理的，因为长三角和珠三角城市群密集，从这个城市到那个城市，只需要几个小时，距离短的几十分钟就够了。短而密集的间距，让长三角、珠三角区域内的人流、物流、资金流快速循环，区域间可互相不断补充新鲜血液。而环渤海地区广袤的范围，在一定程度上抑制了人、财、物的流动。北京虽然是人、财、物的荟萃之地，但其强大的区位凝聚优势反而影响了向周边省市的辐射。环渤海地区产业关联度小，产业链短，京津冀、辽东半岛、山东半岛又各自形成体系，这些都在一定程度上限制了环渤海地区城市间的协同发展。

过去，环渤海地区是资源丰富与贫乏并存，劳动力充足与缺乏并存，资本雄厚与稀缺并存，科学技术先进与落后并存，市场机制发育与计划经济滞后并存，在同一区域内少见地出现了如此巨大的落差。

环渤海经济圈的大发展并非没有优势——环渤海地区工业基

础雄厚，是我国最大的工业密集区，国家的重工业和化学工业基地，不仅有钢铁、原油、原盐等资源依托型产品优势，还有新兴的电子信息、生物制药、新材料等高新技术产业。环渤海地区是我国科研实力最强的地区，仅京津两大直辖市的科研院所、高等院校的科技人员就占全国的1/4。还有众多的文化企事业单位，云集了各类最优秀的人才。科技人才优势与资源优势对国际资本产生了强大的吸引力，全球500强企业的分支机构和研发机构有绝大部分落地北京、天津。

环渤海地区自然资源非常丰富，拥有丰富的海洋资源、矿产资源、油气资源、煤炭资源和旅游资源，也是中国重要的农业基地，耕地面积达2 656.5万公顷，占全国耕地总面积的1/4之多，粮食产量占全国的23%以上。

环渤海地区与全国其他经济区相比，地理区位十分优越。环渤海地区处于东北亚经济圈的中心地带，向南，它联系着长江三角洲、珠江三角洲、港澳台地区，以及东南亚各国；向东，它沟通韩国和日本；向北，它连接着蒙古和俄罗斯远东地区。这种独特的地缘优势，为环渤海区域经济的发展、开展国内外多领域的经济合作，提供了有利的环境和条件，成为海内外客商新的投资热点地区。

环渤海地区形成了一个实力较强的骨干城市群。环渤海地区有北京、天津这样的重量级城市，也有青岛、大连这样的在改革开放中独树一帜、走在前列的城市。以京津两个直辖市为中心，大连、青岛、烟台、秦皇岛等沿海开放城市为扇面，以沈阳、太原、石家庄、济南、呼和浩特等省会（首府）城市为区域支点，构成了中国北方最重要的集政治、经济、文化、国际交往和外向型、多功能的密集的城市群落。在全国和区域经济中发挥着集聚、辐射、服务和带动作用,有力地促进了本地区特色经济区域的发展。在国际经济中心不断向亚太地区转移的大趋势下,环渤海地区蕴藏着巨大的发展潜力。

近几年来,党中央、国务院做出的以北京和天津为两翼带动环渤海开发的重要战略部署,吹响了环渤海经济圈大开发的号角。2006 年,又批准天津滨海新区为全国综合配套改革试验区,以此加快推进京津冀和环渤海区域经济的发展,这是继浦东新区后我国第二个享有该政策的开发区,使天津有可能成为引领中国第三波经济发展的"火车头"。这一系列政策掀起了环渤海经济圈的开发热,加速了环渤海经济圈的崛起,使环渤海经济圈正在成为继珠三角和长三角经济圈后,中国第三个经济增长的动力地区。

环渤海经济开发热,应该归于该区域的港口建设。在环渤海经济圈中,目前拥有 12 个主要的港口,包括威海港、烟台港、青岛港、东营港、黄骅港、天津港、曹妃甸港、京唐港、秦皇岛港、营口港、大连港及丹东港,这 12 个港城共同构成了我国北方国际航运中心。其中天津港是我国北方第一大港,并跻身于世界港口 20 强。曹妃甸港是新崛起的深水港口,有天然海沟直通渤海海峡,被称为"钻石级港址"。曹妃甸港的开发建设正在逐渐显示出其非凡的发展潜力,将为推动华北区域经济的发展、优化京津冀地区的产业结构提供有力的支撑,成为环渤海经济圈经济隆起带的一个制高点。

居于环渤海核心区的北京、天津,目前已经实现了港口岸直通,首都国际机场和天津滨海国际机场也率先实现了民航的跨区域整合。2008 年 8 月京津城际快速列车投入运营，2009 年这趟列车全程运行时间仅 29 分钟，2010 年该快速轨道还将与两城市的地铁对接，到时居住在天津，在北京上班将成为现实。此外，北起山海关、南至山东烟台的环渤海经济圈铁路大动脉目前也有 2/3 完工，该经济带城市间的互联互通已指日可待。

在党和国家环渤海大开发政策的积极推动下，环渤海经济圈的开发建设正如火如荼地开展，环渤海地区的优势也正在逐步显现，一个以京津冀为核心区、以辽东半岛和山东半岛为两翼的环渤海区域经济共同发展的新格局正在形成。环渤海地区也因此正在成为打工者一块新的风水宝地。

城市印象——北京

来到北京你会发现，北京的的哥的姐是所有城市出租司机中最关心政治、最喜欢谈论国家大事的一族。他们"大事小事国家事，事事关心"，或牢骚，或调侃，或柴米油盐，或忧国忧民，津津乐道，那是绝对的侃家儿。他们在言语之间透着的热情、爽直、自得和平民责任，由不得你不被感染，不被感动，不生出些许感叹。

通常，一个中小城市，花上半天时间，就能走马观花浏览一遍，并窥其一斑。但是，在北京却是不能。这个城市就像海，就像一个大大的海，宽阔而包容、深厚而凝重，泱泱大气包罗万象。它绝不是一两个小时、一两天乃至一两年能够穷尽风光、触及脉搏的。

北京是宽阔的，这种宽阔源自俯瞰中原的地理位置，南北贯通的环路街道，富丽堂皇的宫殿庭院；北京是包容的，这个城市一直以对天下人才的容留，对不同民族的接纳，验证着"海纳百川，有容乃大"的品质；北京是深厚而凝重的，3 400 多年的建城史，850 多年的建都史，千年积淀造就出的泱泱大气，让多少城市黯然失色！

北京韵味十足。它的韵味在四合院围合的四平八稳里，在千余个胡同的古朴与安然里，在皇城根下灰色城砖的厚重里，在荣宝斋、亨得利、同仁堂、全聚德、内联升、步瀛斋等一个个百年老店里，在豆浆油条糖葫芦、蒲扇茶壶小板凳的市井风情里，在京腔京韵的味道里……

什么人来到北京，都得放下架子，哪怕你有再大的牌。你只有放下了你那精英的架子和斯文，放下了指手画脚、挑三拣四的毛病，北京市民才会认同你。

城 市 概 况

北京是我国的首都，党中央和国家政府所在地，是全国的政治、文化中心。现有常住人口 1 538 万（居住半年以上），有户籍人口 1 180 万，有登记手续的流动人口 364.9 万人。全市土地面积 16 807.8 平方公里，分为 16 个区和 2 个县：东城区、西城区、宣武区、崇文区、海淀区、朝阳区、丰台区、门头沟区、石景山区、通州区、顺义区、昌平区、大兴区、怀柔区、平谷区、房山区、延庆县、密云县。其中海淀、朝阳、丰台、通州、昌平打工者较为聚集。

地理

北京雄踞华北大平原北端，西部是太行山余脉的西山，北部是燕山山脉的军都山，东南是缓缓向渤海倾斜的大平原。境内贯穿潮白河、北运河、永定河等五大河。

气候

北京的气候为典型的暖温带半湿润大陆性季风气候，四季分明，春秋短促，冬夏较长。7月最热，平均气温25.2℃，最高气温42℃；冬季最冷的1月份平均气温为-3.7℃，毛衣、棉大衣是必备的。

旅游

北京是一座历史名城，有200多处文物古迹。其中古长城、颐和园、圆明园被列为世界文化遗产。北京动物园是中国珍禽异兽种类最多的动物园。

交通

航空：北京首都国际机场位于市区东北的顺义区，距市区大约30公里，首都机场新候机楼已经启用。机场班车可分别到达西单民航大厦、美术馆、北京站口、公主坟等地。

铁路：北京是全国铁路的枢纽，北京站位于建国门内大街南侧，乘地铁或多路公交车均可到达，经过北京站的铁路线主要有京沪线、京哈线、京秦线等；北京西站在莲花池东路，主要有京广线、陇海线、京九线等；新建的北京南站位于宣武区，南二环和南三环之间，已经投入使用。

公路：以北京为中心向四面呈辐射状的国道共有12条，分别可到沈阳、天津、哈尔滨、广州、珠海、南京、福州、昆明等地。北京有6条高速公路：八达岭高速路、首都机场高速路、京沈高速路、京津塘高速路、京石高速路、京张高速路。北京市共有12个长途汽车站。

内部交通：北京道路是"环路包围城市"的格局，二环、三环、四环、五环、六环 5 条环路，和东西向的长安街、平安大街、两广路 3 条主干道，以及南北向的中轴路构成了纵横交错的主要道路交通网络。

地铁：北京现有地铁 1 号线、2 号线、5 号线、10 号线一期、奥运支线、机场线、13 号线、八通线。通往亦庄、良乡、昌平、顺义的轨道交通已经部分开工。北京地铁实行单一票价：2 元。首班车时间一般是早上 5 时，末班车约在晚上 23 时左右。

公交车：北京的公交是全国最便宜的，一张公交卡，就可以坐遍北京的所有公交车，而且能享受四折优惠。

1～199 线路：全部执行单一票制 1 元，普通卡 0.4 元/次，学生卡 0.2 元/次。

200～299 线路：此为夜班车，无人售票，单一票制 1 元，普通卡 0.4 元/次，学生卡 0.2 元/次。

300～499 线路：买票分段计价，12 公里内买票 1 元，每增加 5 公里增加 0.5 元，刷卡普通卡四折，学生卡二折。

500～599 线路：全部为单一票制 1 元，普通卡 0.4 元/次，学生卡 0.2 元/次。

600～699 线路：20 公里以下线路为单一票制 1 元，普通卡 0.4 元/次，学生卡 0.2 元/次。其他线路分段计价，12 公里内买票 1 元，每增加 5 公里增加 0.5 元，刷卡普通卡四折，学生卡二折。

700～799 线路：部分短途线路单一票制 1 元，普通卡 0.4 元/次，学生卡 0.2 元/次。其他线路分段计价，12 公里内买票 1 元，每增加 5 公里增加 0.5 元，刷卡普通卡四折，学生卡二折。

800～899 线路：全部分段计价，12 公里内买票 1 元，每增加 5 公里增加 0.5 元，刷卡普通卡四折，学生卡二折。

9 字头线路：普通车 10 公里内买票 1 元，每增加 10 公里增加 1 元，刷卡普通卡四折，学生卡二折。空调车 10 公里内买票 2 元，每增加 5 公里增加 1 元，刷卡普通卡四折，学生卡二折。

自 2007 年 2 月 1 日起，北京发行三种计次限时票卡：3 日票票价 10 元，限 3 日内使用 18 次；7 日票票价 20 元，限 7 日内使用 42 次；15 日票票价 40 元，限 15 日内使用 90 次。

出租车：北京出租车起步价为 10 元，起步里程 3 公里，之后每公里 2 元，夜间 23 时后起步价 11 元，里程 15 公里以内每公里加收 20%；里程超 15 公里，超出部分每公里加收 50%。累计每等候 5 分钟按 1 公里计费；低速行驶时（低于 12 公里/小时）除照常收取里程费外，还要累计每 5 分钟收取相当于 1 公里租金的低速行驶费。

京津城际铁路

京津城际铁路是连接北京与天津的全国第一条城际间高速铁路，列车时速达到 350 公里，京津两地 29 分钟可直达。

京津城际铁路于 2008 年 8 月 1 日正式开通运营，地铁 2、3 号线和津滨轻轨将在这里交会，实现了北京、天津、滨海新区、滨海国际机场连通，市民不出站就可实现换乘，充分享受安全、便捷通畅、环保的交通方式。天津站是集普通铁路、高速铁路、城际铁路、城市地铁、城市轻轨、城市客运于一体的交通枢纽，成为天津经济发展的新引擎。

京津城际铁路全长 120 公里，大量开行时速 300 公里的 CRH2 型动车组和时速 350 公里的 CRH3 型动车组，列车最小行车间隔 3 分钟。沿途设北京南、亦庄、永乐、武清、天津 5 座车站，其中永乐站为预留车站。

京津城际铁路是我国第一条具有自主知识产权、国际一流水平的高速城际铁路，也是首条全线贯通、设计时速超过 300 公里的城际铁路。

京津城际铁路开行的动车组列车有以下主要特点：

（1）速度快。列车运营最高时速 350 公里，每秒近 100 米。

（2）动力强。列车牵引总功率 8 800 千瓦，是世界上牵引动力最大的高速列车。

（3）能耗低。动车组列车采用流线型车体和轻量化技术，在降低能耗方面效果明显。高速列车每小时人均消耗 15 千瓦，北京到天津人均耗电仅为 7.5 度（千瓦时），是陆路运输方式中能耗最低的。

（4）零排放。由于采用绿色能源的电力牵引，动车组列车没有任何废气排放。

（5）低噪声。通过高速列车外形系统优化设计，有效降低了高速运行时的气动噪声；高速列车运行时速达到 350 公里时，车内外噪声均达到国际标准。

（6）宽车体。京津城际铁路运行的动车组列车，车体断面是目前世界上最宽的，比欧洲同类型车宽 400 毫米，最大限度地增大了旅客的使用空间。

（7）车内设备人性化。动车组列车设有完备的服务设施和残疾人专用服务设施；座椅可旋转，座椅间距宽于飞机和大客车；采用先进的列车气密性技术，高速运行时旅客不会产生耳鸣；车内的温度、湿度、空气流速和新鲜空气含量等均可自动调节，车内空气质量良好，含尘量不超过每立方米 0.5 毫克，远低于相关标准。

（8）高安全性。京津城际铁路运行的动车组列车，其设备的安全冗余在 30% 以上，设备发生故障自动导向安全；一旦发生火灾时，车内防火系统自动启动。

（9）全天候运行。京津城际铁路运行的动车组列车采用全自动电子控制驾驶系统，在风、雪、雨、雾、雷等恶劣气候条件下，可以安全运行。

（10）运行自动控制。京津城际铁路动车组列车运行由中央集中控制系统发布列车运行信息，车载雷达实时接收运行数据和指令，传递给车载计算机，自动调整各列车间的追踪间隔，防止列车超速和冒进信号。

京津城际铁路，最低票价 58 元。

城市印象——天津

提起天津，马上会想到相声和狗不理的包子。说起相声，就让人想到马三立的《逗你玩》，当然还有现在相当火的郭德纲。在天津，从相声大师马三立生前表演的南市荣吉大街燕乐茶社，到和平路上的中国大戏院，从老街估衣街上的谦祥益茶园，到鼓楼镇北门的元升茶社，只要花上 10 元钱，都可以领个杯子沏上茶，听一晚上原汁原味的相声。

听完相声，你还可以去体会一下天津的"一路一道"。和平路于天津如北京的"王府井"，滨江道于天津如上海的"淮海路"，买东西当然要去这"一路一道"。没到天津之前，就一直奇怪"北京人京城结婚津门摆宴"的逸事，但当你从天津站下火车，走出站台，坐上辆的士，起步价仅 8 元时，就会明白其奥妙——天津真是一个物价低的城市呀！同类产品的价格在天津会比在其他城市便宜很多。

将这"一路一道"看完，还可以再去体会一下天津的"洋"味。曾经的租界造就了天津中西兼具的独特城市风貌。天津小洋楼很有名气，以"五大道"为最。数百座小洋楼，风格迥异，闹中取静，别有一番幽雅平和的感觉。除了英、法、德、意等国的各色建筑外，天津还有一批名人故居，如张学良、袁世凯、李叔同等著名人物的故居，包括在南河镇的霍元甲故居等。

与天津租界文化并存的还有历史悠久的起士林西餐名店，好不好吃先放一边，感受一下还是值得的。说到吃，天津有太多值得饕餮的美味，狗不理包子、十八街麻花、"耳朵眼"炸糕，另外还有八大碗、四大扒为代表的天津传统菜肴，以及大饼鸡蛋、煎饼果子、贴饼子熬小鱼、锅巴菜等。如果这些都不足以撩拨你的食欲，那么，请到塘沽吃价格实惠、货色新鲜的海鲜，老辈子天津人传下一句话：当当（音 dang）吃海货，不算不会过。"海货"二字显现出一个大商埠、大码头的气势。天津人吃海货，吃得荡气回肠，吃得海阔天空。

天津人都很恋家，很少有天津人在外地闯荡。或许是因为依依不舍天津的独特味道吧，不知不觉，你也会被这座城市的亲切与从容打动……

城 市 概 况

天津是一座有着 600 多年历史的工商业港口城市，是中国近代工业的发源地，也是中国北方重要的出海口之一。

天津市现为直辖市，全市人口 938 万，流动人口约 130 万。市辖 15 个区、3 个县。市区有和平区、河东区、河西区、南开区、河北区、红桥区；滨海区有塘沽区、汉沽区、大港区；环城区有西青区、东丽区、津南区、北辰区、武清区、宝坻区。3 个县为静海县、宁河县、蓟县。

地理

天津位于华北平原东部，地形以低平的冲积平原为主，海河水系五大支流汇合于此，在大沽口入海。天津地跨海河两岸，总面积 11 919.7 平方公里，海岸线长 152.8 公里。

气候

天津气候介于大陆性气候和海洋性气候之间，四季变化明显。年平均气温 12℃左右，1 月最冷，平均气温-4℃以上；7 月最热，平均气温 26℃。港口冬季结冰期约 80 天。

旅游

天津的旅游景点以人文景观为主，以自然景观为辅。其最著名的十大景观为：天塔旋云、黄崖关长城、盘山、独乐寺、大沽口炮台、海河公园、古文化街、南市食品街和旅馆街、水上公园、中环线。

交通

铁路：京哈、京沪两条重要铁路线及京山线、津浦线、津霸线、津蓟线、京津线，衔接北京、山海关、济南、霸州、蓟县 5 个方向，可使天津直达 40 多个城市。天津有 4 个客运火车站，其中最大的天津站位于天津市解放桥东侧。

公路：天津有京津塘高速、津沪高速天津段、威乌高速天津段、津汕高速天津段、津蓟高速延长线等多条高速路。

公交车：天津市区很多公交车都实行无人售票，车费 1~2 元，去开发区的车费要 4~5 元。

地铁：地铁 1 号线 5 站以内票价 2 员，5 站以上 10 站以下票价 3 元，10 站以上 16 站以下票价 4 元，16 站以上票价 5 元。

出租车：根据车型的不同，每公里 1~2 元不等，起步价7~10 元不等。

天津滨海新区——启动北方经济新引擎

滨海新区位于天津市的东部临海地区，拥有海岸线 153 公里，陆域面积 2 270 平方公里，海域面积 3 000 平方公里。

新区定位

立足天津、依托京冀、服务环渤海、辐射"三北"（东北、华北、西北）、面向东北亚，建设成为高水平的现代制造和研发转化基地，北方国际航运中心和国际物流中心，宜居的生态城区。

总体布局

一轴：沿京津塘高速公路和海河下游建设"高新技术产业发展轴"。

一带：沿海岸线和海滨大道建设"海洋经济发展带"。

三个城区：建设以塘沽城区为中心、大港城区和汉沽城区为两翼的宜居海滨新城。

七个功能区：先进制造产业区、滨海高新技术产业区、滨海化工区、滨海新区中心商务商业区、海港物流区、临空产业区（航空城）和海滨休闲旅游区，以及若干现代农业基地。

海、路、空交通网

铁路：新建 3 条铁路大通道。京津城际轨道公交化，实现京津两地半小时通达。

公路：未来新建 4 条高速公路，形成四通八达的高等级公路网络。

海上：天津港将扩容，由 30 平方公里扩大到 100 平方公里。

空中：天津滨海国际机场整体规模将扩大一倍，成为功能先进、现代化程度更高的国际机场。

城市印象——青岛

海洋是青岛的灵魂。这个海滨城市的灵气与贵气全都来自海洋。海风一年四季不停地刮着，带来了冬天的凛冽和夏天的潮湿。青岛的海水，冬天是青色的，到了夏天，就变得湛蓝湛蓝。长长的银色沙滩细腻柔软，非常美丽，让你即刻产生与其拥抱的渴望。

青岛的欧式建筑很多，充斥双眼的是厚重的德意志风格，给人一种漫步在欧洲小城的错觉。青岛离韩国近，所以处处渗透着一股韩流。大街上韩文广告比比皆是，时尚的韩国姑娘和小伙子常会与你擦肩而过，公交车上你随意坐在一位时尚女孩旁边，一句"啊泥哈撒哟"却告诉你，原来她是个韩国 MM。掌握韩文在青岛找工作会成为一个优势。

由于地势起伏的原因，青岛几乎看不到自行车，摩托车也不多见。一般人出门都是乘坐公交车或出租车。也正因为如此，青岛的公交十分方便，四通八达，每隔四五分钟就有一班车，而且十分准时。另外，青岛的很多线路都是单行线，出门前，你得认真地安排好路线，否则，得绕点路才能到达目的地。

城 市 概 况

青岛是计划单列市，也是国家 14 个沿海开放城市和 8 个国际会议城市之一。青岛现辖 7 区 5 市，总面积 10 654 平方公里。全市人口 731.12 万，其中，市区 258.4 万人，5 市 472.72 万人。全市非农人口比重达到 36%，外来人口已达 122 万。

地理

青岛位于山东半岛南端，东、南濒临黄海，西、北连接内地。全市海岸线总长 870 公里，占山东省海岸线的 1/4。

气候

青岛属温带季风气候。市区受来自洋面上的东南季风及海流、水团的影响，故又有显著的海洋性气候特点。空气湿润，温度适中，四季分明。春季气温回升缓慢，较内陆迟 1 个月；夏季湿热多雨，但无酷暑；秋季天高气爽，降水少；冬季风大温低，持续时间较长，但无严寒。

旅游

青岛有"海上名山第一"之称的崂山，有被誉为远东最好海水浴场的汇泉第一海水浴场，还有栈桥、八大关等很多景点。

交通

铁路：青岛火车站位于栈桥附近的泰山路，每天有发往北京、上海、广州、济南等地列车共 24 对。除往淄博、烟台、威海方向外，其余各次都经停济南。

公路：青岛市已建成济青、胶州湾、西流、双流、维莱、栖莱、青银 7 条高速公路。4 个长途汽车客运站每天有发往省内外各地的长途汽车。

渡轮：青岛—黄岛，06：30—21：00，每 30 分钟一班；青岛—薛家岛，06：40—19：10，每小时一班。

公交车：青岛的公交车非常方便，多为无人售票。公交单一票价 1 元，空调车单一票价 2 元。公交 26、201、202 路车沿着海边走，起点是轮渡和火车站。

出租车：起步价 3 公里内 7 元，3 公里后每公里 1.2 元，超过 6 公里后，每公里按 1.8 元计价；夜间 22 时至次日凌晨 5 时每公里 1.6 元，超过 6 公里后按 2.2 元计价。

第三章　现代城市生活面面观

　　农村和城市不管是生活习惯还是价值观，都存在着很大的区别，好多在城里呆过的人都会有这种感觉。在农村里，大家可以很随便，但是到了城市，不仅要面对新的工作，新的环境，还要学习新的本领，适应城里人的生活方式、礼仪风俗及规章制度等。我们常说的入乡随俗讲的就是这个道理。

　　进城后，我们要虚心学习现代城市文明，尽快适应城市生活。因为不可能使城市适应我们，只能是我们去适应城市。当然也有农民朋友会说，我们又不想住在城市里面，为什么一定要学习它呢？其实，入乡随俗也是人的生存本能，你要在城市生存就要学习城市的文明，这就叫"适者生存"。原来在乡下的一些习俗到了城市就显得不适用了，比如在乡下，坐公交车没有站牌，只要一招手，车就停了，但是在城市里就不行了，城市里必须在车站等车。所以只有去适应城市生活，这样我们才能更好地融入城市，才能更好地在城市里工作、生活、学习，建设城市，富裕农村。

城市里衣着打扮的原则及注意事项

　　城里，衣服需要穿出品位，穿出文明，穿出时尚，如果不能达到这么高的要求，也要做到合体。

着装的基本原则

俗话说："人靠衣服马靠鞍。"合适、得体的着装给人以愉悦的感受。服装虽不能完全反映一个人全貌，但是初次见面给人印象的90%产生于服装。服装穿着没有固定的模式，应该根据具体的时间、地点、场合等来进行选择和搭配。我们认为着装的总体原则应该是：整洁大方、干净利落、协调得体。

服装穿着的第一个原则就是时间原则，即着装要随时间变化而变化。这里大家应该特别注意白天与晚上、季节交替、潮流变更几个方面。白天应穿较为正式的服装，晚上则可穿得休闲一点。每年有春夏秋冬之分，我们应该选择与气候相适宜的服装，冬天不能穿得太薄，而夏天则不宜穿得太厚。

着装的第二原则是地点原则，即着装要入乡随俗，因地制宜。设想一下，如果你到某个地方，这里的人们都穿长袍，而你却穿着短裤背心，那会显得多么地格格不入。

着装的第三原则是场合原则，即着装要随场合变化而变化，有时是出于礼仪的需要，有时是为了气氛的协调。试想一下，如果一位女士穿着高跟鞋、窄身裙去搬水泥、沙石会有多么地滑稽和不便。同样地，如果你穿着轻便装去出席正式晚宴，不但会让主人觉得你不尊重他，也会令自己感到十分尴尬。

着装除了根据时间、地点、场合进行选择搭配之外，还应该根据自己的年龄、体型进行选择。衣服最重要的是合体，"衣如其人"，合体的衣服，不但令自己感到舒服，也会令别人感到舒服。不同体型的人在着装上要特别注意。比如，肥胖体型的人，不宜穿浅色、带格的衣服，最好穿单色且颜色较深的服装；身材矮小的人衣着要简洁明快，上下服装的颜色应尽量统一，在视觉上增加人的高度；消瘦体型的人不宜穿深色服装，最好穿浅色或带花格的，面料有条纹应选择窄条的。

男性的衣着打扮及注意事项

男人的穿衣打扮不需要光鲜怪异，引人注目，不必太超前，也不必太拘泥守旧，只要得体、整洁、大方，穿出个性就差不多了。

男性衣着在颜色搭配方面，全身整体着装从上至下最好不要超过 3 种颜色，这样从线条整体上看会更流畅、更典雅，否则会显得杂乱而没有整体感。男士穿戴不是必须很时尚或很流行，只要简洁大方，颜色沉稳，最主要的是上衣和裤子的搭配，一定要合理。休闲服装一定要与休闲类的服饰来搭配，着装要讲究整体的统一，不要混着来组合，比如，你不能穿着西装打着领带，却脚穿一双运动鞋。男士的身高和胖瘦，并不影响自己着装的品位和风格，身材矮小的男士也可以穿出自己的特点，只要上衣和裤子合身，颜色搭配得当，不要穿过宽大的衣服和过深的颜色，就可以掩饰自己的不足，体现自己的风格。

衬衫是男性最常见的服饰，特别是对于上班的男性来说，衬衫最好天天换，而且每一件都要仔细洗过、烫过，特别是衣领和袖口处，这里是最能够体现男性是不是整洁、细心的地方。另外还有鞋子和袜子的搭配也很重要，俗话说，看男人要看他的袜子，看什么呢？主要看它是不是干净，是不是与服装协调。袜子起着贯穿裤装与鞋子的作用，它的颜色应该与裤子和鞋子的颜色差不多。男性袜子似乎有个约定俗成的穿着规律：除了穿短裤时，袜口不可暴露在外，而且尽量不穿白色袜子，它会使你显得不成熟；不论年龄大小，花袜子总是不太适合男性的。

保证鞋子没有尘土，是男性着装的一个重要原则。无论你的衣服多么干净，哪怕是名牌，倘若穿了一双布满尘土的皮鞋，别人肯定以为你是一个邋遢的人。当然，要求每个男人每天都把皮鞋擦得锃亮，这似乎不太现实，但是起码要没有尘土，保持干净。

现在使用香水不再是女人的专利。现代男性也开始追求自己的味道，让清新、淡雅的香味不经意传达出自然、简约、明朗的情绪。做到真正理解香水并能恰当运用，才能算是有品位。在使用香水时有一点要强调，不能让其他男性护肤品或发胶的香味与其发生"冲突"。当然如果你还不能理直气壮地使用香水，那么一定要选择气味清爽的香皂。

男性在衣着打扮方面还有一些要注意的其他事项。如果你平时工作中经常使用到皮包的话，那么要注意，皮包的质地要较好，而且和全身的色调保持协调；如果你平时不系领带，那么请不要扣紧衬衫的领口；如果系领带则领带尖不应低于皮带头，但也不要高于它，领带的别针，一般只有两种人戴，一是服务员，二是重要的人物，如果你不是这两类人，最好就不要戴领带别针了；腰带和鞋在质料和颜色方面都要一致，不要在正式、隆重的场合穿着非黑色皮鞋，即使它被擦拭得十分体面，也会显得你本人缺乏修养。

男性的衣着打扮除了上面提到的各项内容以外，还有一些细节，我们也要在这里提醒大家。要经常洗发、理发，头发不宜太长，不能有头皮屑；胡须要刮干净，最好把鼻毛也整理一下，还要看看有无耳垢；指甲要勤修剪，不要留长指甲，更不能有污垢。

女性的衣着打扮及注意事项

女性的着装既是一门技巧，更是一门艺术。站在礼仪的角度上来看，女性着装是一整套的打扮，它不仅仅指穿衣戴帽，更是指由此而折射出的人们的教养与对生活的态度。依照社交礼仪，女性着装要赢得成功，进而做到品位超群，就必须兼顾其个体性、整体性、整洁性、文明性、技巧性。对这五个方面，一点都不能偏废。

（1）个体性。在着装时，既要认同共性，又绝不能因此而没有了自己的个性。着装要坚持个体性，具体来讲包括两层含义：第一，着装应当照顾自身的特点，要努力做到"量体裁衣"，使之适应自身，并扬长避短。第二，着装应创造并保持自己所独有的风格，在可能的情况下，着装在某些方面应当与众不同。大家要注意，切勿盲目追求时髦，使着装千人一面，毫无特色。

（2）整体性。正确的着装，应当进行系统的考虑和精心的搭配。着装各个部分不仅要好看，而且要相互呼应、配合，在整体上尽可能地显得完美、和谐。若是着装的各个部分之间缺乏联系，哪怕再完美也不好看。着装坚持整体性，重点是要注意两个方面，其一，要记住服装本身约定俗成的搭配，例如，穿西装时，应配皮鞋，而不能穿布鞋、凉鞋、拖鞋、运动鞋。其二，要使服装各个部分相互呼应，局部服从于整体，力求展现着装的整体之美、全局之美。

（3）整洁性。人们的着装都要力求整洁，避免肮脏或邋遢。着装坚持整洁性，主要应体现于下面几个方面：首先，着装应当整齐，不允许它又褶又皱、不熨不烫。其次，着装应当完好，不应又残又破，乱打补丁（除非你是故意那样的）。再次，着装应当干净，不应当又脏又臭，令人生厌。最后，着装应当卫生，各类服装都要勤于换洗，不应有明显的污渍、油迹、汗味与体臭。

（4）文明性。着装的文明性，主要是要求着装文明大方，符合社会的道德传统和常规做法。它的具体要求为，一是要忌穿过露的服装。在正式场合，袒胸露背，暴露大腿、脚部和腋窝的服装，应该忌穿。在大庭广众面前打赤膊，则更在禁止之列。二是要忌穿过透的服装。倘若使内衣、内裤"透视"在外，令人一目了然，当然有失检点。三是要忌穿过短的服装。不要在正式场合穿短裤、小背心、超短裙这类过短的服装。它们不仅会使自己行动不便，而且也失礼于人，使他人多有不便。四是要忌穿过紧的服装。不要为了展示自己的线条而有意选择过于紧身的服装，使自己内衣、内裤的轮廓在过紧的服装之下隐约可见。

（5）技巧性。不同的服装，有不同的搭配和约定俗成的穿法。女士穿裙子时，所穿丝袜的袜口应被裙子下摆所遮掩，而不宜露于裙摆之外。穿西装不打领带时，内穿的衬衫应当不系领口等。所有这些，都属于着装的基本技巧。着装的技巧性，主要是强调在着装时要依照其约定俗成要求，掌握不同服装之间的合理搭配。

佩戴首饰对女性的打扮来说也是很重要的一部分，如项链、

— 71 —

耳环和其他的小配饰品。佩戴首饰与服装密不可分，佩戴的首饰往往起到一种点缀或者是画龙点睛的作用。只要选择得当，一件好的配饰是比服装更好的投资。佩戴首饰时因其所处角色不同，也有很多搭配时需要注意的地方。统一尺寸：按身型分，高大的人戴较大首饰，而娇小的人则佩戴较秀气的首饰。统一风格：服装和首饰的风格必须一致，服装面料奢华、古典时应佩戴经典而华丽的首饰，一般的工作服饰，则可以相对简约而时尚一点。统一颜色：冷色系服装以冷色系首饰为主搭配，如铂金或银饰等，暖色系服装则以金色或较鲜艳的 K 金或珍珠相扮。选定主题：若佩戴多种首饰，则应保持各首饰如耳环、项链、戒指、手镯等在风格或主题上一致。选定重点：如果全身上下佩戴超过三件首饰，则应注意选定重点，如果耳环比较复杂，项链就要简洁，反之，项链复杂，耳环就要简洁。

对女性来说，除满足了对服饰的要求之外，大部分的女性都会给自己化妆或者美容，这是女性爱美的天性的一种自然表现。现在越来越多的女性都会去买化妆品来为自己化妆，或者去美容美发店做些美容护理。一般情况下，女性最好化淡妆，这样会显得更加美丽。当然也有需要浓妆的场合，如登台表演时则要化浓妆。女性朋友们在化妆时不仅要讲究一定的技巧，还要注意化妆的礼节。如：不要在公共场所化妆，否则非常失礼，既可能有碍于别人，也不尊重自己。若需要进行必要的化妆和补妆时，最好到化妆间或洗手间去。不要在男士面前化妆，一是容易给男士造成你有意亲近他的误解，二是让男士感到你的美不自然、不质朴。不要非议他人的化妆，不要借用他人的化妆品等。

各种场合穿衣打扮的要求

（1）喜庆欢乐的场合。比如庆祝会、联欢会、生日、婚礼、聚会等。这时的穿着要跟人们高兴、快乐、兴奋的情绪协调，女士可以穿得色彩鲜艳、丰富一些，款式也可以新颖一些，以烘托活跃、欢快的气氛。太深沉的色彩或太古板的款式都不太适合。男士可以穿着白色或其他浅色西装、戴花色漂亮醒目的领带，以表现出轻松愉快的心情。

（2）隆重庄严的场合。比如开幕闭幕式、签字仪式、剪彩仪式、出席重要的会议等。这些场合，要特别注意个人的公众形象和媒介形象，注意仪表，衬托隆重庄严的气氛，因此不能穿得太随便。女士不要穿得花里胡哨、随随便便，可以穿上套装或较为端庄的连衣裙，以体现职业女性在正规场合的风范。男士要西装革履，正规、配套、整齐、洁净、一丝不苟。

（3）华丽高雅的场合。这类场合多半是晚上举办的正式社交活动，如正式宴会、酒会、招待会、舞会、音乐会等。这时，女士要把自己打扮得漂亮一点，显示出女性独有的美好气质和修养。可以穿连衣长裙、套裙，面料要华丽，质地要好，色彩应简单。可以有花边装饰，或用胸针、项链、耳环加以点缀。式样简洁的裙装，更能体现一种超俗的美。但要记住，你不是参加私人的社交聚会，而是以工作身份参加与工作有关的活动，因此，太艳丽、闪烁不定、过于袒胸露背的衣裙都不适合这时候穿，它会完全淹没你的职业身份。男士通常穿着深色西装，就可以了。

（4）悲伤肃穆的场合。比如吊唁活动、葬礼等。到这种场合来的人，应该抱着沉痛的心情、低落的情绪。因此，我们不应该穿太富个性的衣服，更不可以穿着花哨亮丽色彩的衣服，而以黑色或深色套服（西装或中山装）为主；女士也不应该浓妆艳抹，佩戴夸张的首饰，应该让外表的肃穆和内心的沉痛协调一致。

城市的饮食习惯

俗话说"民以食为天"，吃饭是我们生活中的一项重要内容。城市生活节奏比农村快很多，吃饭的时间相对要紧张，另外，城市饭菜比农村要贵一些，所以吃好一日三餐，对身体健康来讲，非常必要。如何在繁忙的工作之余，安排好自己的饮食生活，做到既简单实惠又营养充足，从一日三餐里吃出健康来，成了广大进城务工人员必须思考的问题。所以，了解城市里的基本吃饭习惯、饮食的营养搭配是保证我们生活质量的一个重要方面。

城市的饮食习惯

我们中国人都比较习惯于一日早、午、晚三餐制，无论是在城市，还是在农村，都没有太大的差别。但是，由于城市里生活节奏较快，时间观念必须要强，所以在安排早、午、晚三餐的时间和选择就餐地点方面与农村的朋友们还是会有一些不同。

在城市里，由于人们一大早要出去上班、上学，因此早餐的时间都比较早，通常会在清晨六七点钟或七八点钟，而且用餐的时间都比较短，少则几分钟，多则十几分钟。早餐时人们选择的食物相对来说也比较简单，喝杯牛奶、吃块面包、再来个鸡蛋是较为普遍的选择。有的地方早餐流行吃面条，有的地方流行吃米粉，还有的地方流行吃包子、馒头之类的食物。当然这主要是看各地的风俗习惯了。由于早餐时间较为紧张，不少城里人都是到特定的早点供应处去购买早餐。从总的趋势来看，在家里做早饭的城市家庭是越来越少。

在这里，我们要提醒大家注意吃早餐的两大错误倾向。"早餐要吃好"，这是营养专家们的饮食建议，由此可以看出早餐的重要性。现在很多人，特别是一些进城务工人员，都不太注重早餐，随便用饼干馒头对付一下，甚至不吃早餐，等到中午"补"回来的现象很普遍，这是非常不利于健康的。关于吃早餐，我们要特别注意以下两点：①早餐不能过于精细。早餐吃得过于精细对健康是无益的。"吃得像皇帝"不是指早餐要多奢侈、多精细，而是说早餐品种要丰富、营养要全面。牛奶、鸡蛋、主食、水果、蔬菜的营养价值各不相同，因此最好样样都要有。理想的早餐最好有粥，燕麦粥更好一些，不仅营养丰富而且持续消化的时间比较长，另外还可以在粥里放五六颗红枣以补充维生素 C，这样早餐中的主食和水果都有了。如果有时间也可以做个番茄炒蛋，这样蔬菜和鸡蛋也都有了。早餐时牛奶是不能少的，主食最好选米饭或者薯类，这要比面包、馒头好一些。②不要在路上吃早餐。为了能多睡一会儿，很多人宁愿把早餐放在上班的路上，在街边吃小吃或边走边吃。醒了就上路，路上吃早餐，这样的习惯对身体健康非常不利。早餐前一个小时最好喝杯水，以帮助消化液的分泌，因为在上班的路上，细嚼慢咽是不可能的。走路的时候血液无法充分流到胃里帮助蠕动消化，由此往往会造成消化不良。可见，农民朋友们应养成良好的早餐习惯，克服不良习惯。

在城市里，午餐的时间和地点选择都相对较少。午餐基本上就是一两个小时，通常在中午 12：00 ~ 13：00 之间。有些人为了有利于下午的工作，养成了中午睡午觉的习惯，因此相对来说，午餐就更简单了，要不就是在单位里吃工作餐，要不就去快餐店凑合一顿。一天中既有时间又可以好好享受的一顿饭就是晚餐了。下班后很多家庭都是自己买菜回去做饭，这样既体现出家的氛围，又可以吃得好一点。不过近些年来，城市里面很多家庭都开始到外面的饭馆吃饭，因为这样可以节省时间，也省掉许多麻烦，同时还有更多的时间做其他的事情。

周末或者其他不上班的时候，很多人会邀请亲朋好友一起聚一聚、吃吃饭，也就是我们常说的"下馆子"。选择什么档次的馆子一般就要由大家的钱包来决定了。对大多数人来说还是喜欢选择那些物美价廉的馆子吃饭。随着西餐在我国大城市的流行，已经有越来越多的人尤其是年轻人选择在西餐厅或快餐店消费，诸如咖啡厅、比萨店、麦当劳、肯德基等。咖啡厅、比萨店的消费水平要高一些，一般的快餐则是中下水平收入者都可以承受得起的。

节假日期间走亲访友、招待客人、聚会等都免不了大吃大喝。这是中国人的传统习惯。但吃喝亦有其道，如果饮食无节制，势必危害健康。以下"五戒"，对于控制节假日饮食十分有利，很值得借鉴。①戒纵酒。就是反对饮食时以酒代食，喧宾夺主；而是主张宴请以食为主，以酒为辅。大家要记住，酒喝多了伤身体，饮酒一定要适可而止。②戒强让。就是反对宴请时主人强逼客人进食；而是主张让客人自便，造成自在随意的进食环境与气氛。有些农民工朋友非常好客，总担心客人没吃好，因此不断地往客人碗里夹菜，这样容易弄得客人很不好意思。在城市里，要注意改变这种习惯。③戒落套。即反对宴请选菜时喜好俗套的菜谱，诸如"七大盘"、"八大碟"之类。套菜的模式是固定的、僵化的，一般用于新亲上门，上司入席等方面的应酬。平时聚餐应该自由灵活、有新意，要根据客人的口味选择菜品。④戒"耳餐"。其意思就是反对饮食者贪图虚名，请客吃饭非要去所谓上档次的酒楼、饭店，觉得这样有面子，说起来好听，而实际上我们应该倡导务实的思想。对大部分进城务工人员来说，收入水平也不是很高，出入那些高档的酒楼、饭店承受起来比较困难。⑤戒"目食"。意思就是反对主人请客贪图数量多，以求得"悦目"；而主张饮食要讲究质量，求得"适口"、求得味觉享受。有些朋友请客时喜欢点很多菜，桌子上摆得满满的，其实根本就吃不了那么多，这既浪费金钱，还不一定能让客人满意。总之，宴请亲朋好友应提倡务实、求精、少酒、自便、自由的饮食思想。

现在城市里夜生活也越来越丰富，人们工作劳累了一天，可以找个地方放松一下，听听音乐、唱唱歌。有些人回家的时候可能有点晚或者有些人是晚上上班的，因此，很多人也都有吃夜宵（有的地方叫宵夜）的习惯。这也成了很多进城务工人员赚钱的一个有效途径。夜宵的种类很多，不同的地方有不同的习惯，如重庆地区，主要是喝夜啤酒；在广东、广西，晚上有很多种夜宵，如烧烤、甜品等，大家可以根据自己的喜好进行选择。

另外，由于人们工作较忙，加班的时间也多了起来，一日三餐常常没有保证。因此我们提醒大家，在城市生活，要注意一日三餐中的某些忌讳：一忌饿了才吃。生活中许多人没有养成按时就餐的习惯，且有相当一部分人不吃早餐，其理由之一就是"不饿"。其实，食物在胃内仅停留 4~5 个小时，当我们感到饥饿时胃早已排空。如果饿了才吃，很容易引起胃炎或消化性溃疡。饮食规律、营养均衡是养生保健必不可少的物质基础。二忌渴了才喝。平时不喝水、口渴时才喝水的人相当多。他们不了解渴了是体内缺水的反应，这时再补充水分为时已晚。其实，每个成年人每天大概需要饮水 1 500 毫升。晨间或餐前一小时喝一杯水大有益处，既可洗涤胃肠，又有助于消化，还可以促进食欲。据有关方面的调查研究，经常饮水的人，便秘、尿路结石的患病率明显低于不常饮水的人。

饮食的营养搭配

生活节奏快，工作压力大，在这种情况下，营养显得更为重要。人体一旦营养不足，抵抗力下降，就容易诱发各种疾病。当然，营养一旦过剩，不仅对体内组织器官造成过多负担，还会导致身体肥胖，成为多种疾病的诱因。因此，平时要努力做到平衡膳食。日常饮食必须由多种食物组成，达到营养合理，促进肌体吸收平衡，这样才能满足人体对各种营养的需要。以下有一些科学的营养搭配原则，供大家参考。

（1）以谷类食物为主，多样搭配。谷类食物是中国传统膳食的主体。不过，现在人们越来越倾向于食用更多的动物性食物。营养学家指出，动物性食物所提供的能量和脂肪过高，对一些慢性病的预防不利。因此，我们应遵循以谷类食物为主、多样搭配的饮食原则。此外，要注意粗细搭配，经常吃一些粗粮、杂粮等。稻米、小麦不要碾磨得太精，否则谷粒表层所含的维生素、矿物质等营养元素和膳食纤维就会大部分流失到糠麸之中。

（2）多吃蔬菜、水果和薯类。多吃蔬菜、水果和薯类食物，在保持心血管健康、增强抗病能力、减少癌症发生等方面，起着十分重要的作用。蔬菜的种类繁多，包括植物的叶、茎、花、菜果、鲜豆及食用菌等，这些东西营养价值都较高。水果含有丰富的葡萄糖、果酸、柠檬酸、苹果酸、果胶。红黄色水果还富含维生素 C 和胡萝卜素，如鲜枣、柑橘、柿子和杏等。薯类食物含有丰富的淀粉、膳食纤维以及多种维生素和矿物质，应当多吃些薯类，补充这方面的营养。

（3）常吃豆类或其制品以及奶类制品。常吃大豆及其制品，不仅可以补充营养，而且还可防止食用过多肉类给身体带来的不利影响。奶及奶类制品是天然钙质的极好来源，除含丰富的优质蛋白质和维生素外，含钙量较高。我国居民膳食结构中钙质普遍偏低，平均只达到推荐供给量的一半左右。因此，在饮食中应加大奶类制品的比例。

（4）鱼、禽、蛋、瘦肉应适量。鱼、禽、蛋、瘦肉等动物性食物含有丰富的优质蛋白质、脂溶性维生素和矿物质，有利于补充植物蛋白质中赖氨酸的不足。鱼类所含的不饱和脂肪酸，可以降低血脂及防止血栓形成。值得注意的是，肥肉为高能量和高脂肪食物，摄入过多会引起肥胖，并且是诱发某些慢性病的危险因素，应当少吃。另外，猪肉脂肪含量高，应适当减少猪肉的摄入量。如果条件允许，最好吃鱼类或鸡、鸭、鹅、兔等食物。

（5）膳食以清淡为宜。膳食不要太油腻，不要太咸，不要吃过多的动物性食物和油炸、烟熏食物。吃过多酱油、咸菜、味精等含钠量高的食品，容易引起高血压，因此，食物应以清淡为主。

（6）限量饮酒。饮酒过多，会使食欲下降，食物摄入量减少，以致发生多种营养素缺乏症，严重时还会造成酒精性肝硬化、酒精中毒等。过量饮酒会增加患高血压、中风等疾病的危险。因此，饮酒一定要适量。

（7）一日三餐合理搭配。从摄入量来说，一般早、中、晚餐的能量分别以占总能量的30%、40%、30%为宜，特殊情况可适当调整。通常上午的工作比较紧张，营养不足会影响学习、工作效率，因此早餐应当吃好。从摄入的类别来说，谷类食物每人每天应该吃 200～500 克；蔬菜和水果每天应吃 400～500 克和 100～200 克；鱼、禽、肉、蛋等动物性食物每天应该吃 125～200 克（鱼虾类 50 克，畜、禽肉 50～100 克，蛋类 25～50 克）；每天应吃奶类及奶制品 100 克和豆类及豆制品 50 克；油脂类食物每天不超过 25 克。当然，这些数据只是供大家参考，根据个人的情况可适当增减。

培养良好的饮食习惯

现实生活中，有些饮食观念是错误的，有些饮食习惯有危害，大家对此要有一定的认识。

1. 纠正四种不正确的饮食观念

（1）植物油十全十美。植物油虽不是致癌物质，但它有助于癌发生和发育的作用。正确的方法是要注重饮食的合理搭配，适当地吃一些动物性食物，这对身体健康是有益的。据有关方面研究证实，植物油营养素单一，长期进食易导致人体营养素缺乏，正确的用油比例，应是1份植物油搭配0.3份动物油。

（2）水果都含有丰富的维生素C。其实这种看法是片面的，吃水果时应有所选择，应该多样化。

（3）活鸡现杀现烹味道美。如果杀后马上烹调，鸡肉蛋白质受热，就会发生变性凝固，肉就变得粗糙。因此应将杀后的鸡放一段时间，让鸡的组织发生自溶和水解，这时候再烹调，口感才好。

（4）胡萝卜、白萝卜搭配最合理。许多人很喜欢把胡萝卜和白萝卜切成丁、丝、片或磨成泥，做成色香味俱全的小菜，不仅看起来美观，吃起来也爽口。但是这种吃法不科学，因为白萝卜中含丰富的维生素C，一旦和胡萝卜混合就会使维生素C丧失，由于胡萝卜中含有一种抗坏血酸的分解酶素，会破坏白萝卜中的维生素。

2. 四种冰爽冷食危害多

夏季随着气温升高，冰凉食品大受欢迎，特别对于那些在室外工作的农民工朋友来说，适量地食用冷食可以消暑降温，但如果一味贪图冰凉感觉，那就会对人的身体健康造成危害。

（1）冰棍。雪糕吃多了影响食欲，尤其对于患有急慢性胃肠道疾病者，更应少吃或不吃。

（2）过量喝冷饮容易引起消化不良。大量冷饮入口后，咽喉黏膜遇冷收缩，抵抗力降低，使潜伏在咽喉部的细菌乘虚而入，容易引起感冒等疾病，严重时甚至可引起呕吐、腹痛、腹泻。

（3）冰镇西瓜吃多了伤脾胃。食用冰冻西瓜过多，口腔的唾液腺、舌味觉神经和牙周神经都会因冷的刺激而处于麻痹状态，不但难以品出西瓜的甜味，而且还会伤脾胃，引起咽喉炎。

（4）啤酒温度不要太低。啤酒温度太低对胃的刺激过大，容易引起胃不舒服。

3. 走出饮食烹饪的几个误区

（1）用过热的油炒菜。在烧得过热的油中，易生成一种硬脂化合物，对人体健康极为有害。人若常吃热油炒出来的菜，易患低酸性胃炎和胃溃疡，如不及时治疗，还可能诱发胃癌。正确的方法应该是用温油烹炒菜肴。

（2）虾米直接煮汤。虾米或虾皮在加工过程中容易沾染上一些致癌物，直接煮汤不利于人体健康。专家建议，可将虾米煮几分钟后再换水煮汤，或在汤中加 1~2 片维生素 C，就能防止致癌物的合成。

（3）用砂糖拌凉菜。砂糖拌凉菜对人体有害是因为螨虫作怪。有一种喜甜的螨虫常生活在砂糖、白糖里。如被污染的糖未经加热处理，螨虫随食物进入人体并寄生在胃肠道中，可能刺激肠壁发生痉挛而出现腹痛。

还有一点要提醒农民朋友，也是很多人容易忽视的一个问题，就是隔夜菜加热的时候会增加致癌物。很多打工者出于经济方面的考虑，会将前一天剩下的饭菜加热再吃，这是一个对身体很不利的做法。青菜、菠菜等绿叶菜反复回锅，每重复炒一次，其中的致癌物质就增加数十倍。因为其中的叶绿素容易发生化学反应，产生可降解成分，从而致癌。而螃蟹、鱼类、虾类等海鲜，隔夜后容易产生蛋白质降解物，会损伤肝、肾功能。剩汤长时间盛在铝锅、不锈钢锅内，也容易发生化学反应，应盛放在玻璃或陶瓷器皿中。同时，放在冰箱中的食物也不易太长，最好不要超过 12 小时，太久了，容易滋生很多细菌。

居住地方的选择

"住"属于生活中的一个重要方面，选择一个合适的居住环境，不仅方便生活，而且节省费用和保证安全。

农民工朋友在城市居住的状况基本上有两种：一种是工作单位提供；另外一种是个人租房或者极少数人买房。买房又分为买二手房和新房。工作单位提供的住房属于集体宿舍，不存在选择居住场所的问题。对于租房或者买房，则存在着如何选择居住场所的问题。通常情况下，市区的房价要高于市郊，繁华地带的房价要高于相对落后的地方，交通便利的地方要高于交通不便的地方。对于农民工朋友来说，最好选择一个既不处于繁华地带的市区，又离单位不是很远、交通相对便利的地方，这样，在一定程度上可以节约费用。

选择恰当的居住地方

对于大部分进入城市工作的务工人员来说，刚开始经济条件都不是特别好，因此能用做居住选择的钱也不是很多。而且还有相当一部分人是从事建筑业或者其他服务业的，因此在选择居住地方的时候，主要还是选择租金比较便宜或者由工作单位提供的住房，特别是一些从事建筑业的人员，一般情况下都是居住在建筑工地上临时搭建的房子里。工作单位提供的住房和建筑工地上面的房子不能有过多的选择，因此，这里我们就只介绍如何选择租金比较便宜的居住地方。一般来说，城市里租金较为便宜的居住地方要不就是比较偏远，要不就是相对陈旧的房子或者居住条件相对不是很好，但是大家还是可以从中选择一些居住条件较为合适的地方。在选择居住地方的时候，应尽量选择一些安全、方便的地方。这里讲的安全主要是指居家的安全和防止火灾等意外事故发生，方便主要是指在购买日常用品、小孩子上学以及医疗等方面。因为城市的生活和工作都是相对快节奏的，对于进城工作的大部分人来说，面临的不仅是工作上的压力，如果有家人和小孩子的话，还有注意到他们的出行以及居家安全等。

如何租房

租房宝典 1

锦囊妙计一：错"峰"租房

按照租房的经验，节后租房一般出现两次高峰期：农历正月十五过后和阳历 3 月份。这两个时间段租房价格都比较高，要想少花钱，最好提前或推后，从而避开这两个高峰期。

锦囊妙计二：避开商业圈和学校圈

商业圈附近写字楼多、做生意的多，白领和生意人集中的地方无疑会抬高房子租金。学校周边历来是黄金出租地，除非十分必要，否则应尽量避开这些敏感区域。

锦囊妙计三：跨区租房

如果单是为了省钱不怕麻烦的话，可以选择跨区租房。在市中心，一套月租金 1 000 元的房子，在郊区只需花上五六百元。仔细比较一下，如果上下班坐公交车费用基本不多，那么跨区租房每月就能省下几百元。

锦囊妙计四：放长线换议价

对于工作相对稳定，需要按"年"来租房的人来说，在找到房子之后，可以和房东协商签订一个长期的租赁合同。对房东来说，稳定的租客是令人放心的一个重要因素。可以利用房东的这种心理，顺势砍价。

锦囊妙计五：租简装房更合算

家具和家用电器齐全的房子，其租金比没有此配备的房子要多出 30%～40%，以精装房月租金 2 000 元计算，如果没有配备家具、家电，租金可能只有 1 400 元，年差价即为 7 200 元。如果用这笔差价自行添置家具和家电，租期满后还可以将添置的东西带走。

租房宝典 2

租房杀价 13 招：

（1）不要表露对房子有好感。

（2）告之房东已看中其他出租的房子并准备付定金。

（3）告之房东已看中其他房子并付定金，但亦喜欢此房屋，是否能再便宜点儿，补偿已付出不能退的定金。

（4）不停地找房子的缺点要求降价。

（5）以配套设备不足为由，要求降价，或配齐。

（6）告之自己很满意，但家人有其他的想法，希望便宜点，或者表现出强烈的租房欲望，迫使对方降价。

（7）带着现金，说只要价钱合适马上付定金或签约。

（8）实在谈不下去，抬腿就走，让出租方担心失去你这个准房客。

（9）用其他房子的价格作比较，要求再减价。

（10）告之能力有限租不起，要求再便宜一点儿，以自己的经济能力不够作为理由。

（11）与房东成为好朋友，争取拿到最优惠的价格。

（12）看多处不同的房子，声东击西探知更便宜的价格。

（13）记住，房客也希望快点把房子租出去。如果你的时间不急，拖延谈判的时间，慢慢磨。

租房宝典 3

合租房屋好处多：

每个人都想有自己的私人空间，从这方面考虑，自己独自租一间房是最好不过的。然而目前房屋租赁市场上单间紧缺，而且价格偏高，刚进城的打工者并非个个都能承受。于是，一种非常实用的租房形式——合租在打工群体中流行起来。

（1）减轻房租负担。合租的最大好处是分担了房租压力，比如，在北京租房，1 000 元能租一居室，1 500 元可以租二居室，同样居住的是楼房，两个人或几个人合租两居室，其功能和各自的使用面积、活动空间不会比一居室少，但房租一分为二，每人每月才 750 元，比租用一居室每月节省 250 元。

（2）有利于扩大交际网络。"多个朋友多条路"，良好的社交关系，能给我们带来很多好处。与人合租，自然可以扩大你的社交圈，与合租者成为好朋友后，他的朋友就有可能成为你的朋友。同时三五成群地住在一起，人多话题多聚会也多。所以，非常适宜喜欢热闹的年轻人。

（3）充实生活。打工者远离家乡和亲人，一个人在他乡打拼，有时难免孤独寂寞，与人合租，你就多了一个伙伴，在生活上可以相互照顾，遇到困难时还有朋友一块商量，休息日可以一起玩耍，生活肯定会充实不少。

不过，合租房子并非几个人一起租个房子那么简单，它会牵扯到很多问题。因此，打工朋友在合租房子前一定要考虑周全。

租房宝典 4

揭穿假房东防骗有新招：

第一招：非现金交易堵漏洞

租房行骗主要出现在交易的两个环节上：

（1）看房前要求付定金，而后无论是否成交都百般推脱，不退租户定金；

（2）假房东欺骗租户，骗取半年或一年租金，然后卷款逃跑。

第一种方式骗取金额不大，但被骗者数量多。第二种则涉及金额大，令租房者损失惨重。目前，正规中介一般都不收看房费，租户可选择信誉度、知名度较高的中介公司。对于第二种欺骗行为，避免现金交易可堵黑中介的空子。

第二招：查验中介代理委托书

房屋租赁过程中，交易双方的信息不对称是受骗上当的根源所在。在黑中介欺诈过程中，很多房东都是在发现中介公司人走楼空后才意识到自己受骗，其实中介已替他们收取了一年或半年的房租；同样，大量租户也是在房东来催着交款或收房时才知道原来房东没收到房租，究其原因，是黑中介故意将部分交易信息隐去，打了时间差。为防止发生黑中介的欺诈，租户在租房时可要求查看中介公司跟房东签订的委托协议书的代理期限，明确此套房屋的租期，然后确定付款周期。

第三招：从售后服务看信誉

注重售后服务是中介工作的重点，同样也是减少租赁纠纷，维护租赁双方利益的关键一环。正规的房屋租赁中介公司都具备专业的业务素质，同时积累了丰富的客户资源，服务体系完善，所以才能有序而长久地经营房屋租赁业务，给租赁双方带来安全、有效的服务。

小贴士

规避租房风险五要点

（1）查验中介资质，看其是否具有中介资格。

（2）签订合同要写清所看房屋的地址，未租赁成功是否付费及租赁成功的标准。

（3）合同中要载明经营者的违约责任。

（4）保留相关票据和凭证，并要求经营者注明是中介费还是信息费。

（5）出现问题在法律规定的期限内及时投诉。

租房有哪些程序

租房一般分为四个步骤：

第一步：查找房屋出租信息。当地报纸的分类广告和网上均可查找到相关信息，也可直接到房屋中介公司或通过熟人打听，看附近小区里张贴的小广告也是查找出租房房源的途径。通过中介租房，要挑选操作规范、规模较大的中介机构，这样承租人的利益能得到保障。小中介公司房源有限，耗时耗力，不一定能租到合适的房子，而且其中也会掺杂一些不法中介，容易上当受骗。

第二步：现场看房。找到所需信息后，尽快与房主或中介公司进行联络，问清楚所有关于该房屋的信息，如出租房的位置、租金、面积，等等，然后实地看房。如果满意准备租的话，查验房东的房产证或相应的证实房产真正归属的证明文件，以确认出租者是不是真正的房东，是不是拥有房屋的出租权，以避免假房东骗租的情况。

第三步：签订合同。租房一定要按照正规的租房手续，签订租房合同，对于各项费用的交纳作好规定，以免日后出现争执。特别要对退租的内容作详细规定，以避免一些恶意的房东借机不退押金或少退。

合同内容一般包括：①当事人姓名或者名称及住所；②房屋所在位置、面积；③设施状况；④租赁用途；⑤租赁期限；⑥租金及交付方式；⑦房屋修缮责任；⑧转租的约定；⑨变更和解除合同的条件；⑩违约责任。

第四步：房屋交验。房屋交验包括如下内容：①房屋实际情况与合同所写内容是否一致；②家电、家具等是否与合同里所写的相符，能否正常使用；③钥匙是否已交付；④水、电、煤气表数字。

规避租房陷阱

租房要先确认房屋产权

芳芳上过这样一次当，至今让她懊恼不已。半年前，她换了一家新单位，为了住的地方离单位近点，少在路上花时间，她开始在单位附近找合适的房子。一天，她看到一张张贴在路边电线杆上的对外出租房信息。于是，她按图索骥来到了一个挺不错的小区，而且一眼就相中了。这个一居室的单元房装修不错，还一点不比她现在租住的房子贵。欣喜之中，她二话不说马上交了半年的定金，快速搬进了新居。可没想到，好日子还没过两个月，一个人找上门来要收房租钱。说了半天芳芳才明白，原来租房给她的那个人是假房东，他只在真房东处租了两个月的房子，转手把它租给芳芳半年，然后就消失了。真房东当然就来找现在租住在这里的芳芳要钱啦！

这件事是芳芳不对，谁让她不查验房屋的产权证就贸然租房子呢？最后，芳芳不得不付了双倍的价钱继续租住在这里。记住芳芳的教训，租房一定要查验房屋的产权证。

查验房屋产权有四种途径：

（1）看产权证上是否有当地房地管理局的公章；

（2）看房东身份证，与房屋产权证上所有人是否相符，查验身份证上是否有防伪标记；

（3）如果出租的房屋不是出租人自己的，则应要求他出示房产证、身份证、房屋产权人委托书，最好与产权人直接联系，以便确认房屋的产权状况；

（4）到房管所、居委会或物业部门了解该房屋的产权状况。若找到的房源是由中介机构提供的，这时求租者就得向中介机构交纳一定的费用了，然后中介机构才会与房主取得联系，与你约定看房时间。若找到的房源是房主直接提供的，求租者就可以免交这笔费用。

租房三大注意

第一，租房子不能只图便宜，安全要放在第一位。刚进城的打工朋友，往往囊中羞涩，租房子时便想越便宜越好，以致将安全问题置于脑后。小红2006年到北京打工，在租房子时贪图便宜，租了一处简易房。房子是房东自己用砖头搭建起来的，租房时，小红就问房东，这房子牢固吗，房东自然告诉她牢固得很。她没有多想，就租住下来了。有一天，小红到房子外面的水龙头下接水，一阵大风刮过，小红租住的房子轰然倒塌，结结实实地砸在小红身上。现在，小红还瘫痪在床，生活不能自理。

第二，不要口头协议，一切承诺要白纸黑字。2008年7月，王先生租下了位于西城区车公庄的一套住房，房屋到期时间是2010年4月12日。入住后，王先生要求对方把电话和宽带都停了，自己不需要使用。房东表示，即日起就可以停。但2010年

4月，王先生退房时，房东开具的扣款单上，却扣下了入住以来每个月的电话月租费和宽带费。同时，因为电话很久未去交款，号码已被注销，房东还要求王先生另交200多元的电话初装费。

第三，慎租家电齐全房。现在市场上有不少出租房是带家具、家电的。虽然这种房的价格会比空房高200元左右，但因为可以省掉租客的不少麻烦，所以还是有不少人愿意租住。张明和朋友就合租了一套这样家电齐全的房子，但是他们入住前没有仔细检查配套设施，合同上也没有注明坏了谁承担修理费用。退房时，房东说空调坏了，要求张明赔偿。张明觉得自己很冤，因为他们一直没有使用空调，但此时说得再多也没有用了。

租住家具齐全房，一定要多个心眼儿，在入住前详细登记家具的情况，检查一下家电的正常运作情况，家具的完好程度等，最好注明如果出现故障时维修费用由谁来承担，也好免除家用电器等发生毛病维修时与房主产生矛盾，责任划分不清。建议打工朋友选择租空房，一来附带的家具、电器一般都比较陈旧，未必能满足租房者的需要，二来附带的家电通常年久失修，租后出了问题还得花冤枉钱去修理，三来多花钱来租电器不如自己出钱买。

邻里相处

"城里人冷漠，没有人情味，瞧不起我们。"这大概是一些初到城市打工的农民朋友们共同的印象，觉得城里人难相处，其实并非如此。俗话说得好："邻居好，赛金宝。"邻里相处数月、数年甚至几十年，谁家都有个急事、难事，说不定哪一天就需要得到"及时雨"般的帮忙救助。邻里关系的处理，重要的就是两个字：真诚。

城里人对外来务工者态度不友好，可能仅仅是务工者的一种主观感受，也可能是因为务工者的行为不符合城里的社会规范而与城市居民不能相融。因此，了解城镇的社会规范和生活习惯，并且遵守这些规范，这是让城里人接纳并与他们融洽相处的重要基础。

到了一个陌生的地方，要想与当地人相处融洽，关键是我们自己要摆正心态。很多农民朋友进城之后一直有一种强烈的自卑心理，或者不平衡的心态。如果自己看不起自己，那么别人的关心都会被看成是对自己的可怜；别人善意的批评就会被看成是恶意的欺负。因此，为了改变这些看法，我们必须树立自信心，发掘自己的优势，肯定自己的能力。每一个人都有自己的优势和劣势，我们从农村走进城镇，能够找到一份工作，凭自己的智慧和力气生活，没有什么可自卑的。每个人都有自己的生活道路。我们在城市里工作，属于城市的建设者之一，因此，他们也不会瞧不起我们。这样，当我们有了自信心，就有了平和的心态，即使别人有一些偏见，我们也不在乎。

另外，不要拒绝与城里人沟通，也不要排斥讲普通话，因为普通话是最方便交流和沟通的语言，什么地方的人都可以听懂。不要因为害羞或者不好意思等原因不讲普通话，一味坚持讲家乡话，这样不但不利于交朋友，也不利于和别人沟通学习。在工作和生活中要大胆而坦诚地对待同事、领导、房东和周围的其他人，他人遇到困难，要热情帮助，做一些力所能及的事情，同时要学习一些礼节和卫生习惯，通情达理，努力追求上进。

我们在此介绍一些如何处理好邻里关系的方法，希望大家能够处理好邻里之间的关系，过着和睦、和谐的生活。

（1）主动拜访。大家从农村或者小城镇来到城市里，搬进房子之后，除了打扫卫生，整理房间，还有一个事情一定记得要做——拜访邻居。说拜访显得很正式或者很严肃，实际上就是主动打个招呼，这是起码的礼节，而且也会为以后的生活带来诸多方便。

（2）热情相待。平时虽然大家都要忙于工作，特别是对从事餐饮业或者其他服务行业的人来说，更加是早出晚归，和邻里见面的机会可能比较少，但是见到之后一定要有礼貌，主动打招呼、问候，这样邻里对你的印象就会更好。

（3）沟通交流。邻里之间，在大家印象都不错的情况下，如果你有生活上的困难和问题，完全可以向邻居请教，或者表示希望得到帮助。一般说来，如果你有什么事情从来不跟邻居沟通，这样容易形成一个误区，你这边需要帮忙没有人帮，而邻居则认为你根本不需要，甚至认为你目中无人。多数情况下，邻居们还是很热情的，如果有了问题，一定要记得提出一下，他们如果知道一定会尽力帮你的。对于一些进城工作的人来说，可能是由于交往或者习惯性的原因，和自己沟通得最多的往往是自己的兄弟姐妹或者是同一个地方的人，即大家所说的老乡，对其他人可能有一些不信任。这个想法是不对的。因此希望大家能够更多地接触自己周边的人，多与他们交流沟通，这样既可以开阔自己的视野，相互帮助，又可以让自己的生活过得更好。

（4）礼尚往来。所谓有来有往，来而不往非礼也。这就是说如果邻居为我们做了一些事情，我们也要学会帮助邻居，以此作为一种回报。虽然别人并不期望帮助他人后得到什么报答，但是我们应该有这样的心思。许多时候，你做一点自己认为很小的事情，可能也会换来邻居很好的印象。当别人有什么事情时你帮个忙，比如自己有什么不太需要，但是对别人来说很有用的东西，那就完全可以送出去。虽然有时候你送出的可能是微薄的礼品，但是对于别人来说，这就是一份心意，会让人感激你。当然，也不要太做作，给人缺乏诚意的感觉。因为邻里间相处不是一朝一夕，而是一个长期的过程。

（5）互相体谅。平时在生活中我们可能都会有一些自己的习惯，但千万不能只考虑自己，也要学会了解和照顾邻居的情绪。因为每个人都可能会由于某些事情而导致心情不好，发点脾气，这个时候作为邻居或者是朋友都应该体谅一下，不要让他们心情更加烦闷或者更加心慌意乱，而是应该给予一些耐心的帮助，帮助他们渡过难关。

（6）勿问隐私。邻居之间的交往虽然需要热情，可也要注意限度，尽量不要探问或者议论别人的隐私，这样无论是对自己还是对他人都有好处。邻里之间的相处，要真诚相待，同时也要适可而止。而且，这样一来，别人也不会过多探问你的私人情况，也就保留了自己的私人空间。

（7）走下高楼。在城市生活，通常情况下，大家下班回到家后就没有太多的好去处，再也不想出门。邻里间缺少沟通交流，这也间接地影响到了孩子们，本来是活泼烂漫的花季少年，但因久不出门造成不少孩子寡言少语、安静怕动的性格。要让孩子回到自然，恢复天真烂漫的天性，朋友们就要走出原先紧闭的家门，到楼下、绿地、花园呼吸新鲜的空气。孩子们在大人的带领、参与下，三五成群，活跃嬉闹，压抑的心灵得到释放，恢复了纯真的天性。这些对于进入城市工作的人们来说更为重要。通过孩子们之间的相互交流，让自己的孩子学会相互帮助和相互学习，这样有利于孩子的成长并增长孩子的见识。

我们介绍的方式方法是有限的，在具体的相处过程中，肯定会有很多新问题、新矛盾。遇到这些问题和矛盾的时候，要记住的一点就是互相体谅，相互帮助，这是和邻居相处最简单、最有效的方法。

邻里相处，其中有几点希望大家能记住：一忌恶语伤人，动手打人；二忌背后议论，嫉妒他人；三忌轻信纵容，偏袒子女；四忌见难不救，幸灾乐祸；五忌家庭建筑，妨碍他人；六忌放养禽畜，有碍卫生；七忌不顾场地，栽树种花；八忌谈笑逗趣，不讲分寸；九忌经济往来，账目不清；十忌得理不让，不听劝解。

总之，与城里人相处交往，不要拒绝沟通和学习，牢记自己的不足并逐步改正，还要注意发挥自己的优势，增强自信心，坚信通过自己的努力可以使自己的生活变得更好。

居家安全

在城市里，不管男女，大家一般都有自己的工作，白天上班，很少有人留在家里。另外，由于工作繁忙、生活节奏快，很多人可能会忽视一些小的安全隐患。但往往正是这些小的隐患，造成重大的损失，现在就向大家介绍居家生活中的一些安全方面的常识。

家庭防盗方面

城市里大多数人家的房子都安装了防盗门窗。对于部分进城工作的人们来说，居住的地方通常都较为偏僻或者是人员较为复杂的区域，有些从事建筑业或者是其他服务业的农民工朋友，有可能还住在建筑工地或者餐馆、酒楼等场所，因此更需要注意家庭及自己私人财物防盗问题。以下是一些常见的防盗措施：

（1）家里面门、窗、阳台等应该牢固可靠，使用具有防撬功能的锁具，这是防盗中最需要注意的地方。

（2）家里尽量不要存放大量现金，一时用不着的钱款应及时存入银行。另外，要特别注意将存折、银行卡等与身份证、工作证、户口簿等证件分别放置，千万不可放在一起。因为这些证件如果被犯罪分子拿到，就可以直接到银行里通过你的身份证和存折等一起领取你的存款，使你蒙受巨大的损失。

（3）金银首饰等贵重物品切忌存放在抽屉、柜橱等引人注意的地方，而且也不要将这些东西的存放地方告知他人或让自己的孩子知道，这样容易引起他人的歹意，或者他人通过小孩来得知家中存放贵重物品的情况。

（4）电视机、VCD或者DVD、照相机等家里的中高档物品，应将产品的明显标志及出厂号码等信息详细登记在册，以备后用。

（5）家中钥匙要随身携带，不要乱扔乱放，丢失钥匙要及时更换门锁。特别是学龄前儿童最好不要带钥匙，更不能将钥匙挂在孩子的脖子上，这样容易被外人乘机印模仿制，对家庭安全是个极大的威胁。有些进城工作的朋友可能由于工作性质等原因，不能每天都接送孩子上学和放学回家，应该注意教育孩子不要轻信他人，同时也最好和邻里打声招呼，请他们帮忙照看一下孩子及家中的情况，从而确保孩子和家中物品的安全。

（6）每次离开家去上班或者出行的时候，事前一定要将门窗关好，上好保险锁。

（7）在城里交朋友要慎重，家庭成员特别是青少年尽量不要随便将陌生人或者交往不深的人带到家中。

（8）邻里之间相互守望，相互照应，尤其是较长时间外出时应与邻居打好招呼，请求邻里的关照。

（9）对上门维修、检查、收费、送货、送礼的人，一定要查明其确切身份，同时教育好孩子不要轻易给陌生人开门。

（10）晚上全家短时间外出时，最好家中亮一盏灯，或打开电视机、音响等设备，以示有人在家；长时间全家外出时，可以在阳台上晾晒一些衣物，使不法分子难以判断出家中是否有人，因而不敢贸然下手。如果你居住的地方是与接警中心联网的，应在接警中心备案，请求 24 小时全天候设防。

（11）发现家中被盗，一定要镇静，不要慌张，不要急于清理物品，应立即报警并保护好现场。若现场抓住小偷，千万不要被小偷的花言巧语蒙骗，或抱定自己反正没有财物损失，多一事不如少一事的心理而将小偷放走，而应立即报警，将小偷交给警察处理。因为小偷一般都是惯犯，通过警察的调查工作往往能破获其他的案件。

居家生活中若遇到什么紧急情况需要帮忙，大家可以拨打报警求助电话：110，以获得及时的救助。

家庭防火方面

居家生活除了要做好防盗方面的工作，还要注意防火。

（1）在家中吸烟时要注意防火。常见可燃物，如棉、麻、纸、家具等物品的着火点只有 200～300 摄氏度，而点燃后的香烟的中心温度则比这些可燃物的燃点温度高出两三倍，并且一支香烟持续燃烧的时间约为 5～10 分钟，引发火险的时间较长，因此，要警示吸烟的朋友注意下面一些细节：在家里面吸烟，要做到烟头、烟灰、火柴梗"三不落地"；不要躺在床上、沙发上吸烟；划过的火柴梗、吸烟剩下的烟头一定要彻底弄熄灭；吸烟时，如临时有其他事情，应将烟头熄灭后人再离开。

（2）在家里做饭时也要注意防火。在炉灶上煨炖食品时，汤不宜太满，并应有人看管。当油锅起火后，千万不可向锅内倒水灭火。现在有不少的朋友在家里是使用液化气，要注意使用的正确方法，了解其防火措施。液化气必须确保在炉灶完好的状态下使用，并保持室内空气流通，同时要切记液化石油气钢瓶不得与煤炉等同时放在一个位置。使用液化气炉灶时不能离人，同时要防止饭、水溢出浇灭炉火而造成泄漏；钢瓶要防止碰撞、敲打，不得接近火源、热源，更不能用热水烫、烘烤；钢瓶不能横放、倒放使用，不得私自处理残液、排放液化气。如果你家里使用的是天然气（煤气），则要注意了解煤气的防火措施。室内煤气管道不应设在潮湿或者容易被腐蚀的地方，煤气炉灶不得在地下室或无人居住的房间内使用；在任何情况下，都严禁使用明火试漏。如果你怀疑有煤气泄漏，可以尝试把肥皂泡敷在怀疑有泄漏的地方进行探测。

（3）家庭用电应注意的事项。在城市里工作和生活，用到的电器比较多，无论是在家里还是在工作的地方，如果用电不慎，都可能会造成财产的损失，甚至会危及生命安全。因此大家一定要注意安全用电，懂得用电方面的基本常识：①不得超负荷用电，尽可能采用自动控制开关；②要经常检查电器线路，防止老化、短路、漏电等情况发生；③不得用其他导线代替保险丝；④不得乱拉电线、乱增加电器设备，更不能偷电；⑤停电后一定要将电熨斗、电吹风、电热毯等电热器具的电源插头及时拔掉，防止来电后这些电器发热引起火灾。

（4）发生火灾怎么办？俗话说"水火无情"。在城市工作生活的大多数人，有时难免遇到火灾。因此，大家应该懂得一些火灾急救常识。

①火灾发生时，首先拨打119火警急救电话，告诉消防队着火的详细地点。在等待救援的时候，也可以主动采取一些灭火措施。为此，大家应该掌握一些灭火的基本知识。如果是室内物品着火，灭火要就地取材，如用毛毯、棉被罩住火焰，将火扑灭；也可利用面盆、水桶等传水灭火或利用楼层内的灭火器材及时扑灭大火。有些物品着火后要赶快把着火物搬到室外扑灭。如果是油锅起火可直接盖上锅盖灭火；如果是家用电器起火，要先切断电源，然后用毛毯、棉被覆盖灭火，如仍未熄灭，再用水浇；电视机着火时，人要站在侧面，防止显像管爆裂伤人；天然气着火，先要关闭阀门，再用衣裙、棉被浸水后捂盖，往上浇水扑灭。救火时门窗要慢开，以免空气对流加速火焰蔓延和火苗突然蹿出伤人。

②火灾发生后，在火势越来越大，不能马上扑灭的情况下，

应该尽快设法脱险。如果门窗、通道、楼梯已经被烟火封住,确实没有可能向外冲时,可以向头部、身上浇一些冷水,或者用湿毛巾、湿被单把头包好,用湿棉被、湿毯子把身体裹好,再从火里冲出去。因为湿的东西不易燃烧,所以裹上湿东西可以保护自己。如果浓烟太大,呛得透不过气,可以用口罩或者毛巾捂住口鼻,身体尽量贴着地面前进,或者爬行。因为浓烟一般都在上面漂浮着,接近地面烟较少,相对来说比较安全。

③如果是楼房着火,而且楼梯已经被烧断,应该保持镇静,想办法向别的安全地方转移。可以根据当时情况采取这样几种方法脱离危险:假如你住在比较低的楼层,可以利用结实的绳索拴在牢固的窗框或者床架上,然后沿绳索慢慢爬下去;如果一时找不到绳索,可以用被套、床单、窗帘布、衣服等撕成条,然后拧成绳来用;如果没有绳索,也来不及拧绳索,可以往楼下扔一些被褥做垫子,然后攀着窗口或阳台往下跳,这样可以缩短距离,更好地保证人身安全。如果你住在楼层比较高的地方(3 层以上),千万不要急于跳楼逃生,因为那样太危险,容易造成生命危险。这个时候你要躲到比较安全的房间,如卫生间,或者转移到邻居的阳台上,耐心等待消防人员救援。

如何防止和救治煤气中毒

煤气中毒的危害很大,每年都有进城务工者因煤气中毒而死亡的报道。煤气中毒很难自救,因此预防是关键,特别要注意以下几点:

(1)尽量不使用煤炉取暖,如果使用,必须安装烟囱,保证排烟状况良好,并且每天临睡前检查,室内要注意经常通风。

（2）经常擦拭天然气或者煤气灶具，定期检查天然气或煤气管道，看是否有泄漏。

（3）一定要使用煤气或天然气专用橡胶软管，不能用尼龙、乙烯管或破旧管子代替，每半年检查更换一次橡胶管道。

（4）在厨房安装排气扇，或者抽油烟机。

发现有人煤气中毒时，可以采取这样几种措施：

（1）开门、开窗，通风换气。

（2）拨打急救电话，等待医生的到来。

（3）给病人松解衣扣，把病人转移到通风良好、空气新鲜的地方，注意保暖，清除病人口鼻分泌物。

（4）如果发现呼吸停止，应该立即进行口对口人工呼吸，同时，拨打120急救电话。

（5）查找煤气泄漏的原因，排除隐患。

第四章 城市里的出行

城市人口密集，车多人多，无论是上班高峰期还是节假日，经常会遇上拥堵现象，尤其是在北京、上海、广州、深圳等一些大的城市。因此很多打工者刚进入城市都会感到有些不适应，感觉特别不方便，有时候难免会违反交通规则，被罚款，甚至由于自己的疏忽大意，导致意外事故的发生，不仅给自己造成财产的损失，严重时还可能导致生命安全受到威胁。因此想来城市里工作、生活的朋友，首先一定要了解城市的交通规则，熟悉城市里的出行习惯以及乘坐各种交通工具的注意事项，这样才可能保证出行顺利以及生命财产的安全。

城市出行工具的选择

在城市里，可供选择的交通工具非常多，大家比较熟悉的是公共汽车和出租汽车这两种，现在越来越多的城市在修建地铁，这也是比较普及的交通工具之一。

公共汽车是我们最常见也最常使用的交通工具，无论是对于城市居民还是对于进城的打工者来说，它是城市交通的一个重要部分，它是否运转顺畅将会对很多人产生巨大的影响，所以所有人都要尽量地遵守乘坐公共汽车的规章制度。

出租汽车也是城市里用得较多的出行工具之一，它的优点主要在于方便、快捷。但是，乘坐出租汽车的费用相对公共汽车来说要贵得多，对于一般人来说，如果没有急事或者重要事情要办就不一定要坐出租车了。对大部分的人来讲还是选择公共汽车比较划算。

除此之外，在一些城市里还有其他类型的出行工具可以选择，如轻轨、地铁、摩托车、自行车等。特别是轻轨和地铁，这些年在很多大城市开始投入运营，并逐步发展成为城市里比较重要的出行工具。因此，广大进城务工人员也要熟悉和了解轻轨与地铁的运行情况，注意乘坐这些交通工具的注意事项。对某些进城经商的朋友来说，可能自己拥有小卡车或者小货车，这些也都可以作为他们出行的工具。不过，这个时候大家需要特别注意遵守城市里的交通规则了。

以上我们介绍的是短途的交通工具，那如果我们要出远门该怎么办呢？

长途出行工具主要包括：长途汽车、火车、轮船以及飞机。对于大部分打工者来说，长途汽车和火车可能是比较熟悉的交通工具，特别是火车。从目前来看，火车是相对安全和稳定的交通工具，它允许携带较多的行李，而且价格相对于长途汽车和其他一些出行工具来说要便宜得多。当然，如果经济条件允许，我们也可以选择乘坐安全、快捷、方便的飞机出行。

乘坐各种出行工具的注意事项

下面，我们介绍一些具体的交通工具，希望能给打工朋友们一些指导和帮助。

1. 公共汽车

城市里的公共汽车都是准时开班和收班的。大家乘坐公共汽车的时候，特别是一些上班时间较早或者晚上下班较迟的人，一定要注意公共汽车的开班和收班时间，确保自己能够准时赶上公共汽车，这样才不至于影响自己的工作和减少很多不必要的麻烦。一般情况下，在城市里乘坐公共汽车的人很多，大家要注意乘车的一些基本要求。比如，在等公共汽车的时候要注意排队，保持好上车的秩序，不能够一哄而上。一哄而上的行为既不文明，也容易让小偷有可乘之机。在很多城市里，公共汽车分为无人售票车和有人售票车两种，另外也有分为一票制和非一票制的。一票制的公共汽车，就是上公共汽车以后，无论你要走多远，都是一个价格；非一票制的公共汽车，就是按照距离来计算车费。对于准备乘坐公共汽车的各位朋友来说，特别是将要乘坐无人售票公共汽车的时候，最好准备一些零钱，这样会省下要找零钱的麻烦，也不会延误你的出行。对于那些经常要乘坐公共汽车去工作的人们来说，最好到公共汽车公司或者它的各个分公司办理一张公共汽车 IC 卡，这样每次出行就不用准备零钱了，而且在有些城市里如果用 IC 卡来支付车费的话，还可以稍微便宜一点，每次都能省下一小部分的车费，这样的话既经济实惠又简单方便。

大家在乘坐公共汽车的时候，要遵守公共汽车的乘坐要求，养成良好的习惯。不要在车上吸烟，不要在车上随便吐口水，不要乱扔垃圾。因为车上有很多人，而且还有小孩和老人，这样容易造成汽车里面空气质量不好和环境不好，导致其他人的反感和促进传染病的传播。乘车时还要注意，不要随便把头手伸到窗外，特别是带小孩的家长们不能让自己的小孩这样做。因为城市里车很多，这样容易导致受伤或者是其他意外事故发生。另外，大家要注意在公共汽车运行的高峰期，尽量不要携带过多、过重的东西，这样会占据太大的空间，可能引起其他人的不满，容易引来不必要的麻烦。在公共汽车上也不要大声喧哗或者大声打电话，尽量顾忌到周边人的感受。带小孩或者带老人出行的乘客，一定要确保小孩或者老人的安全，因为公共汽车有可能在行驶的过程中由于某种原因突然刹车，容易导致受伤或者其他意外事情的发生。

A. 进城第一课：学会看站牌

城市的公交线路众多，出行很方便。特别是一些大城市，线路更达数百条之多，有的地方一个车站就有十几条线路经过，乍一看，甚至有些让人晕头转向。不过这不要紧，只要我们学会读懂站牌提供的交通信息，就可以很容易地识别哪趟是自己要乘坐的车。

怎样读懂站牌上提供的信息呢？下面以你在北京某地乘车为例加以说明，看看这个站牌：

（1）你现在所在的车站是"北京站"站。

（2）确定你所乘坐的公交线路是9路。

（3）该线路的起始和终点站——"金台路"站和"前

门"站。

（4）现在是否是该线路的运行时间：该线路的首末车时间是 5：10 至 23：00，现在是正常运营时间。

（5）查找你要去的一站，是"光华路"还是"正义路"，记住搞清楚该站的运行方向——看下面的箭头，是往前门方向运行，下站为"崇文门"站，去"光华路"站就要到马路对面坐车了。

（6）假如我要去"和平门"站，我是否能乘坐这趟车呢？查阅站牌上的沿途停靠站——该线路不经过"和平门"站。那就另找别的线路车吧。

（7）找到你要乘坐线路的车，最好再数数离你要到达的目的地有几站，上车后好注意站点，避免坐过站的情况发生。

（8）如果你没有公交 IC 卡，就得准备好零钱，无人售票车不找零钱，票价为一元。

（9）车来了，再最后确认一下车前面标的车次是否是 9 路，以免上错车。

城市中许多相似的地名到底哪个是我要去的？没有车直达时我要怎么换车？离目的地最近的车站是哪个？如有还不清楚的地方，可以向交通协管员或司乘人员等询问。切记，所有问题要在乘车之前问清，千万不要稀里糊涂地上了车之后才发现不对，那样不但要多花一份车费，还会耽误行程。

B. 公交车购票的规定

（1）按所乘路程的票价购票。禁止不购票或者使用废票乘车，禁止超过票价有效路程乘车。

（2）乘客带领一个身高不满 1.2 米的儿童乘车，儿童免票。

（3）携带行李、物品超过一个座位面积的，应当加购一张车票。

（4）车票限当次乘车有效。

（5）车票售出，不予退票。

（6）超过票价有效路程乘车的，按超过的路程票价补票。

（7）不购票或者使用废票乘车的，市区线路补交票款 5 元，郊区线路补交票款 10 元。

（8）使用市区线路月票乘郊区线路公共汽车、电车的，补交票款 10 元。现在大部分城市已取消公交月票，而改用刷 IC 卡。

C. 看清站名再上车

（1）上车前最好先把所乘车次与目的地搞清楚，一个城市里，有时会有重复的地名，比如北京就有两个四道口，两个岳各庄，又有太平庄和太平路；同样的线路还会有分支线、区间车、延长线等，一定要看清楚了再上车，以免南辕北辙，浪费了时间又花冤枉钱。

（2）各线路价格不统一，如在北京有的路线全程只需 1 元，而有些车为分段计价。如果想省钱，最好先算一算，有时多坐一站就得多掏一元钱。

D. 乘公交车注意事项

大家乘坐公共汽车的时候，要尽可能做到相互帮助，相互照应。特别是遇到如孕妇、小孩、老年人以及残疾人士等需要关照的时候，我们都应伸出援助之手，主动搀扶、主动让座。这是我们中华民族的优良传统，而且对大家来说不过举手之劳而已。

在乘坐公共汽车时，除了要注意上面提到的各项问题之外，广大农民工朋友还应掌握一些乘坐公共汽车的安全防范方面的常识。

（1）在公共汽车上，现金、贵重物品应置于贴身衣袋或有夹层的包内，包不要离开自己的视线。对那些目光总是扫视别人的脸、身和衣袋行李，目光游移不定、面部表情紧张的人，要提高警惕，多加防备。

（2）不要在公共汽车站清点财物或者和别人说自己身上带有大量现金或贵重物品，以免成为扒手的目标。在公共汽车上打完手机后要放在随身的包内，不要别在腰上，以免给扒手可乘之机。

（3）上车时要把包、袋等物品放在胸前，防止扒手在上车的一瞬间故意拥挤，前堵后推，从而将你的钱物偷走。

（4）上车后不要挤在车门口，要尽量往车厢中间走，发现连续被挤时要格外警惕，要注意你周围的人，对胳膊上搭着衣服，拿着报纸、手提袋等物品伸过来挡住你视线的人，要特别留神；对在车上走前窜后、频频换位，甚至有位不坐，故意站着的人，要特别注意，必要时设法赶快离开。

（5）在乘车途中，当车辆起步、停车、上下站、急刹车和转弯时，要警惕那些利用车辆加速和转向时产生的惯性力和离心力而顺势倒在你身上的人。

（6）扒手在车上或车下人多的地方，双手通常喜欢交叉放在胸前，双肩忽高忽低；扒手作案的目标无非是钱包、手机等贵重物品，在人多拥挤时尽量别让他人的手臂压在自己的肩上或抵在胸前。

（7）在车辆靠站或下车时不要放松自己的警惕，防止扒手在下车的一瞬间，故意拥挤，前堵后推，扒窃你的钱物。

（8）当你发现扒窃犯罪分子正在作案时，可拨打 110 报警，及时呼救，争取各方援助，并协同其他人将犯罪分子扭送至公安机关；遇有扒窃嫌疑人时，切不可视而不见，惊慌失措，而是要团结起来，勇于斗争。

2. 出租汽车（TAXI）

出租汽车由于其相对快捷、方便而成为了很多人出行的选择。乘坐出租车没有必要像乘坐公共汽车那样在车站等，在路边（那些规定不能停出租车的路段除外）就可以招手示意搭乘。出租车在同一时间内将专门为你提供服务，这也就是出租车方便、快捷的原因。乘坐出租车的费用相对于公共汽车来说要贵得多，但是如果有急事而需要赶时间时，乘坐出租车出行是一个不错的选择。出租车在绝大多数时候是按照路程的远近来确定路费，即按计价器显示的里程和金额收费。当然如果路程过于遥远，也可以和车主事前进行讨价还价，商定好固定的价钱，而无需按计价器计价收费。

乘坐出租汽车也需要注意以下几个方面：

（1）乘坐出租车之前，要对出租车以及驾驶员有一定的了解，当然不是说要进行深入的了解。为了确保出行的安全和顺利地到达目的地，我们要注意对出租车和驾驶员进行必要的观察了解：外观看起来非常脏乱的车最好不乘坐；无法看清车内情况的车最好不搭乘；车身上公司的标志和车号不清楚的车也不要搭乘；对于强行超车抢客的出租车最好不理它；出租车准运证上的照片和本人不相符合的车最好不乘坐。因为这些都有可能引起麻烦或者带来出行的不安全。

（2）在乘坐出租汽车的过程中，要注意不良的司机趁机坑骗钱财，特别是对一些刚进入城市工作的人或者是外地来的人。有些不怀好意的司机，有可能不是按照那条最短或者最快捷的道路将你送往目的地，而是故意多走些路，多兜几个圈子，这样路程就相对远一些，乘客就不得不付更多的车费。因此在乘坐出租车的过程中要注意预防这类事情的发生。比如，你可以尽量用本地方言与驾驶员进行交流，让他知道你不是外地人；或者告诉他你以前来过这里，坐过出租汽车，知道路程的远近等。

（3）上了出租车后要记住看车上的驾驶员监督卡，上面有该出租车的车号、所属公司的名称以及驾驶员的姓名和监督投诉电话等一些简单的资料，如果遇到东西遗忘、被驾驶员坑蒙拐骗等情况可以根据监督卡进行寻找或者投诉。当然你也别忘记向驾驶员索要车票。

（4）乘坐出租车的时候，如果是一两个人，尽量坐后排，当是三四个人的时候，小孩和老人尽量在后排就座，这样相对比坐前排更安全些；晚上乘坐出租车的时候，特别是要出城到郊外，更要特别注意安全，要选择正规出租汽车公司的出租车。

3. 城市轨道交通

现在很多城市都有了地铁、轻轨等城市轨道交通工具，这些高速交通工具对于很多刚刚来到城市工作的朋友来说，可能还比较陌生。地铁能适应的单向最大高峰小时客流量为3~6万人次，轻轨能适应的单向最大高峰小时客流量为1~3万人次。由此设计的地铁和轻轨，它们的区别首先表现在地铁的轨重普遍大于13吨，而轻轨要小于13吨；其次，一般情况下，地铁的平面曲线半径不小于300米，而轻轨一般在100~200米；另外，地铁每列车的编组数也要多于轻轨,车辆定员也要多得多。对于两者的区别,我们并不要求广大进城工作的人员都要弄明白,但是大家应当了解乘坐地铁和轻轨时的一些注意事项。

A. 乘地铁的顺序

(1)入口。每个地铁站都有好几个进出口,在车站周边500米范围内的主要路口一般都有标明该地铁车站名称和进口方向的指示牌,可根据指引进入车站站厅层购票。

(2)购票。地铁一般都有在自动售票机出售的单程票(当日当站上车,2小时内出站有效)和在人工售票亭购买的储值票(有50元、100元两种面值,自购票之日起一年内有效,不充值,尾程优惠)。公共交通卡在地铁和部分公交、轮渡、出租车也可一并通用。

自动售票机的使用步骤:选择车费按钮→投入硬币(可投1元或5角两种硬币)→取票口取票。

(3)进站。乘客可按车站导向标志前往验票进站,使用单程票、储值票、公共交通卡的乘客刷卡进站。

(4)乘车。从站厅层来到站台层,看清你要去的方向,在黄色安全线内候车。待车辆停稳后依次先下后上。列车未停稳或准备启动请不要抢上,避免挤伤。万一乘错方向或乘过了站,可不必重新出站买票,只要再到对面站台候车,纠正方向返回来即可。

(5)下车。车厢里有报站,也有地铁站名示意图,一般每站停车时间不会超过30秒,因此要提前做好下车准备。

(6)出站。一般地铁有出口闸机,请将单程票、储值票插入票槽验票,单程票因行程结束而被闸机自动收回;储值票自动从出口闸机弹出，取回该票，若储值票金额够用显示屏显示"请出站"，如越站乘车或储值票金额不足，出口闸机会显示"请到补票处"，你只有在补足应缴车资后方能出站。

出站请看清楚指路牌，以免走错出口处，走冤枉路。

B. 乘坐地铁须知

（1）留意车站及列车导向标志。

（2）留意车站通告及广播，并遵守指示。

（3）正确使用进、出站闸机，待前面的乘客通过及闸门关闭后方可使用。

（4）在安全线以外候车，先下后上，不要拥挤。

（5）留意列车广播，提前做好下车准备。

（6）按照提示，正确使用安全及紧急设施。

（7）一旦发生紧急情况，立即通知车站工作人员。

（8）禁止在地铁内吸烟、奔跑、嬉戏、翻越闸机和栏杆。

（9）禁止进入地铁隧道、高架线路等非公众区域。

（10）不得携带过大的物件、宠物及其他禽畜及危险品。

C. 应对地铁突发事件

（1）遇到地铁火灾时，首先要镇静，不能慌乱，服从站台工作人员的指挥，按照疏散指示标志安全疏散。地铁内都设有足够的安全设施，但为了预防起见，经常乘坐地铁的乘客还应该尽可能地熟悉地铁站台的环境。

（2）当地铁有毒气袭击的时候，因为毒气会扩散，乘客一定不要慌张，听从指挥员指挥，用手绢或衣服堵住口鼻，沿着疏散方向进行逃生。在躲避毒气袭击时，乘客还要判断毒源，并迅速向远离毒源的方向逃跑。

（3）如发现可疑的易燃易爆物品，不要轻易地用手去触摸，要远离它，及时向当地派出所报告。

（4）不慎掉下站，首先应该大声向站台工作人员呼救，工作人员将采取停电措施救助，切忌盲目爬上站台，以免发生触电事故。

（5）遇到地铁停电，不要打砸车门、车窗或盲目乱跑，等待工作人员将指定的车门打开，并在工作人员的指挥下安全有序地向外撤离。

在地铁内遭遇紧急情况并不可怕，可怕的是在事故面前不知如何应对。只要你在发生事故时不慌不乱，了解一定的逃生技巧，学会如何应对危难，就能安全逃离险境。

乘坐地铁或轻轨时要尽量靠近车厢的中部，不要倚靠在两边的车门上，以免出现意外；如果发现车内有烧焦的味道或有烟雾等异常情况，应立即按响车内的紧急按钮，有条件的应用湿毛巾等捂住口、鼻；当发生意外事故时要听从工作人员的指挥，有序地从车内或地铁站撤离，千万不要拥挤混乱。

其他的安全注意事项，参考乘坐公共汽车的安全方面的常识就可以了。另外，大家要注意，很多我们平常的小动作或习惯，在轨道交通里面也是被禁止的，如：吸烟、踩踏座位、随意走动等，这也是大家容易疏忽的地方。另外，在轨道交通工具里面有各种提示的卡通画，在通道内，在手扶电梯边大家都可以看到，其内容主要是提醒我们：在车站及列车内，禁止饮食、吸烟、乱吐口香糖、躺卧、踩踏座位等，其目的是希望大家能够互相提醒，遵守乘车的规范和要求，营造一个良好的乘车环境。

4．火车

火车是广大农民工朋友非常熟悉的交通工具，在我们出行的时候选择乘坐火车也较为普遍。火车的优点前面已有介绍，在这里我们只是就乘坐火车的一些注意事项进行介绍，希望对大家有一定的帮助。

乘坐火车出行的时候，一般要先到火车站或其指定售票点购票。如果是短途旅行的话，可以到火车站买票，现买现走；如果是长途旅行，通常需要大家提前买好车票，特别是节假日或者是其他人流量很大的时候。

外出打工需要乘坐火车，在乘车时应注意下列几点：

（1）按照车次的规定时间进站候车，以免误车。

（2）在站台上候车，要站在站台一侧白色安全线以内，以免被列车卷下站台，发生危险。

（3）列车行进中，不要把头、手、胳膊伸出车窗外，以免被沿线的信号设备等挂伤。

（4）不要在车门和车厢连接处逗留，那里容易发生夹伤、挤伤、卡伤等事故。

（5）不带易燃易爆的危险品（如汽油、鞭炮等）上车。

（6）不向车窗外扔废弃物，以免砸伤铁路边行人和铁路工人，同时也避免造成环境污染。

（7）乘坐卧铺列车顶铺、中铺时，要系好安全带，防止掉下摔伤。

（8）保管好自己的行李物品，注意防范盗窃分子。

5．轮船

轮船也是我们出行时可以选择的一种交通工具。我国水域辽阔，人们外出旅行，会有很多机会乘船。船在水中航行，本身就存在遇到风浪等危险，因此乘船旅行的安全问题就显得十分重要，乘船时要注意的安全事项主要有以下几方面：

（1）为了保证航运安全，凡符合安全要求的船只，有关管理部门都发有安全合格证书。外出旅行，要选择乘坐有安全合格证书的运营船只，不要乘坐无证船只。

（2）不乘坐超载的船只，这样的船安全没有保证。

（3）上下船要排队并按次序进行，不得拥挤、争、抢，以免造成挤伤、落水等事故。

（4）天气恶劣时，如遇大风、大浪、浓雾等，应尽量避免乘船。

（5）不在船头、甲板等地打闹、追逐，以防落水；不拥挤在船的一侧，以防船体倾斜，发生事故。

（6）船上的许多设备都具有安全保障功效，不要乱动，以免影响正常航行。

（7）夜间航行，不要用手电筒向水面、岸边乱照，以免引起误会或使驾驶员产生错觉而发生危险。

6. 自行车

自行车作为一种经济实惠的交通工具，想必大家一定非常熟悉。不少农民工朋友可能就有自行车。骑自行车外出比起走路，虽然要方便一些，但不安全的因素也增加了一些。骑自行车外出，需要注意的安全事项如下：

（1）要经常检修自行车，保证车况完好。车闸、车铃是否灵敏、正常。

（2）自行车的车型大小要合适，不要骑儿童玩具车上街，也不要小孩骑大人自行车。

（3）不要在马路上学骑自行车；未满 12 岁的儿童，不要骑自行车上街。

（4）骑自行车要在非机动车道上靠右边行驶，不逆行；转弯时不抢行猛拐，要提前减慢速度，看清四周情况，以明确的手势示意后再转弯。

（5）经过交叉路口，要减速慢行，注意来往的行人、车辆；不闯红灯，遇到红灯要停车等候，等绿灯亮了再继续前行。

（6）骑车时不要双手撒把，不多人并骑，不互相攀扶，不互相追逐、打闹。

（7）骑车时不攀扶机动车辆，不载过重的东西，不骑车带人，不在骑车时戴耳机听广播。

（8）要学习、掌握基本的交通规则知识。

7. 步行

在现代城市生活中，人们出行除了选择我们上面介绍的那些交通工具外，步行也是一种重要的出行方式。广大进城务工人员来到城市生活以后，经常都需要步行外出办事，因此大家也应该了解在城市里步行要注意的事项。归纳起来，步行外出主要应注意下面几点：

（1）步行外出时要注意行走在人行道内，在没有人行道的地方要靠路边行走。

（2）横过马路时须走过街天桥或地下通道，没有天桥和地下通道的地方应走人行通道；在没有人行横道的地方横过马路时要注意来往车辆，不要斜穿、猛跑。

（3）在通过十字路口时，要听从交通民警的指挥并遵守交通信号的指示。

（4）在设有护栏或隔离墩的道路上不得横过马路。

总之，在日常生活中，我们一定要注意遵守城市里的交通规则，注意出行的安全。通过城市生活的熏陶，培养文明习惯，提高自身素质，尽快融入现代化的城市生活。

出行要注意的其他事项及常识

在城市中生活工作，大家还应了解一些出行方面的小窍门、小技巧，如：防止晕车、防止迷路、防止意外受伤等。在此我们给大家作些简单的介绍。

1. 告别晕车的 7 种方法

你在旅途中曾晕车、晕船甚至晕机吗？从医学上说，晕车、晕船和晕机统称为晕动病，这个病虽不属疑难杂症，但是由于症状令人非常难受，因此需要特别注意预防。下面我们介绍 7 种预防方法：

（1）胃复安：胃复安是可以制止恶心、呕吐的一种常用药。晕车时可服胃复安 1 片，晕车严重时可服 2 片，儿童剂量酌减，于上车前 10~15 分钟吞服，可防晕车。行程 2 小时以上又出现晕车症状者，可再服 1 片。途中临时服药者应在服药后站立15~20 分钟后坐下，以便药物能够得到有效吸收。

（2）鲜姜：行驶途中将鲜姜片拿在手里，随时放在鼻孔下面闻一闻，使辛辣味吸入鼻中。也可以将姜片贴在肚脐上用伤湿止痛膏固定好。

（3）橘皮：乘车前 1 小时左右，将新鲜橘皮表面朝外，向内对折，然后对准两鼻孔两手指挤压，皮中便会喷射出带芳香味的油雾，可吸入 10 余次。乘车途中也可照此法随时吸闻，效果极佳。

（4）风油精：乘车途中，将风油精擦于太阳穴或风池穴，亦可滴两滴风油精于肚脐眼处，并用伤湿止痛膏敷盖。

（5）食醋：乘车前喝一杯加醋的温开水，途中就不会晕车。

（6）伤湿止痛膏：乘车前取伤湿止痛膏贴于肚脐眼处，防止晕车疗效显著。

（7）指掐内关穴：当发生晕车时，可用大拇指掐内关穴，效果不错。

2. 城市出行其他规范

（1）行车走路要遵守交通规则，尤其注意过马路要走人行横道，不要冒着生命危险跨越马路上的护栏，或者随便乱穿马路；

（2）买东西或者买票都要排队，不要拥挤和"加塞"；

（3）坐公共汽车要先下后上，即让下车的人先下来，再按顺序上车，不能一拥而上；

（4）要有时间观念，就是说要有准确的时间概念，不能像在农村一样讲"一袋烟的功夫"、"半晌午"、"天擦黑"等。城市生活节奏紧张，干什么都要严格遵守时间，不守时的人是不受欢迎的；

（5）不要随地吐痰，不要随地乱扔垃圾，要保持环境清洁；

（6）自觉爱护公共财物，不破坏树木、花草、电话亭、地下管道、垃圾箱等一切公共设施；

（7）穿戴得体，举止得当，在城市里，如果举止和穿戴过于随便，会受到人们的轻视，如夏天不能在大街上光背、穿拖鞋逛街，衣冠不整都会被看作不雅的行为；

（8）养成良好的卫生习惯，这既有利于个人身体健康，也能保持个人良好形象，促进你与他人的交往；

（9）注意使用文明用语，如"你好"、"对不起"、"没关系"、"谢谢"、"请问"等。

3. 城市常见的骗局有哪些？

在城市生活可能会遇到各种骗人的把戏。骗术形形色色，各种各样，但其本质都是为了骗钱。下面几种情况是进城务工者必须注意的：

（1）"炸药包"骗局。务工者很容易被骗子盯上，尤其是初次到城市的务工者，因为骗子很容易就能看出你初来乍到，知道你容易上当。"炸药包"骗局是这样的，当你正在行走或骑车时，会忽然发现地上有一枚金戒指或其他装有贵重物品的包裹，你发现这个东西的时候，会有另外一个人走过来，说你们两个同时发现这东西，既然同时发现就都有份，但他会做出很大方的样子，说如果你给他多少钱这东西就归你了。通常情况下，他似乎很吃亏，例如，捡到的东西价值 1 000 元，他会要你给他 300元，这东西就归你。如果你觉得自己很合算，就中了他的圈套，实际上你得到的东西是假的，根本不值钱。

（2）"碰瓷"骗局。当你走在路上，会有人突然撞你一下，而这个撞你的人可能怀里抱着什么贵重的东西，这一撞就把那个东西"撞坏"了，他就会说自己的东西如何珍贵，你必须赔。你不赔对方就要把你送到公安局等，用各种方法吓唬你，你一害怕，就可能乖乖地给人家赔钱，这种现象称为"碰瓷"。

（3）中奖骗局。在火车上、长途汽车上，经常会有人喝饮料，突然说"我中奖了"，瓶盖上印了"5万元"或多少钱的奖，这时就会有人出钱买他中奖的瓶盖，而这些人其实是跟他一伙的，他们一起在演戏，准备骗别人的钱。最后就会有人出几百元甚至上千元购买了这个中奖的瓶盖，等人家下车走了，自己去兑奖，才发现"发财梦"真是个梦，这个瓶盖是假的。

无论是什么样的骗术，骗子都是利用人们的贪财、占小便宜、胆小怕事的心理。只要我们克服占小便宜的心理，这些骗术是可以识破的。

第五章　城市购物常识

初到城市里，难免要添置一些东西，在哪里买东西既便宜又实惠呢？要知道，虽然同样是购物，但在大城市和小城市、城市和农村之间还是有很大差别的，了解了这些差别，我们才有可能买到便宜实惠的商品，既提高生活品位，还节省金钱。

城里有哪些购物场所

在农村，通常集市和商店是打工者比较熟悉的购物场所，但城市里最常见的是超市和商场，与乡村和县城相比，大中城市的购物场所就显得多而庞杂，概括起来有以下几种：

（1）大商场：城市的大商场一般都装饰得金碧辉煌，处于城市黄金地段或交通便利的地段。地价高，商品价格相应地要贵一些，主要面向较高收入阶层和部分经济条件好的工薪阶层。大商场里销售品牌商品比较多，品位较高，质量有保障。

（2）超市：超级市场，简称超市。在国外是一种由顾客自我服务为主，内部多为品牌商品的大型零售企业。世界上的第一家超市，1930 年创建于美国。我国在改革开放后才逐渐兴起，到现在仅 30 多年的历史。

超市服务，不同于以前购买商品时要由售货员从柜台里拿给你，顾客进入超市后，由自己挑选中意的商品，在走出超市时，把钱付给收银员就行了。在超市里，商品多、实用性强、质量好、价格优惠。一般而言，衣食住行各类商品都可以在那里买到，十分方便。

在日常生活中，我们不难发现，农民工很少去超市买东西。他们往往错认为超市的东西光鲜整齐，价格一定很贵。其实，一般超市都面向广大普通消费者，采取的是低价策略，其商品价格非但不高，有的反而比较便宜。

（3）小卖部：类似于农村卖副食品的小店铺，使用自家的房子或是租用他人的店面，经营面积小，货物以食品和牙膏、毛巾、茶杯、脸盆、袜子等生活日用品为主，有的还兼营香烟和低档酒水饮料。小卖部多设在城郊结合地区和周边缺少购物超市的居民区附近。

（4）二手市场：是相对于一手市场之后出现的市场，通常是由市场附近的居民聚合起来，把家中不需要但还可利用的家当拿出来变卖，以旧货为主，可能掺杂假冒伪劣产品。二手市场的价格更为便宜，不失为低收入者买卖东西的好去处。二手市场的建立可以更好地促进物资的流通，减少资源的消耗，从而有利于国民经济的发展，也有利于环境保护。现在在网络上有不少网上二手市场，在那里人们可以更容易地获取二手信息，减少交易的成本。

合理选择购物场所

刚踏入城市，最害怕的就是被欺骗，如果不了解周边市场，很容易花很多冤枉钱。我们进入城市买东西，最大的愿望是物美价廉，但商品的价格是与它的质量成正比的。质量好的商品价格也高，要买经久耐用的品牌商品就得付出不小的代价。

因此，买东西之前，我们就先要自我估量一下要买的东西的重要性和经济承受能力，比如：是不是非买不可的必需品？自己对什么样的价位感觉较为合理？此类商品大概会在什么地方销售？等等。

一旦决定要买，然后就是选择购物的场所了。

如果是为了找到更好的工作，获得工作必需的信息以及联系客户等，肯定需要有一个手机。手机之类的高技术含量的商品就应当在大型商场购买，尽管价格比较高，但是维修和售后服务更有保障。

在超市，你可以放心选购食品，如糕点、饼干、方便面、茶叶、小食品等，也可以购买酒水饮料。这些东西在超市会比小卖部便宜几角到 1 元钱不等。同时，一般的衣服、鞋子或小的五金工具、小家电，都可以在超市买到。

有空余时间你可以经常到超市去逛逛，超市里商品应有尽有，虽然有些商品的质量比不上大型商场，但足以满足要求。

对于毛巾、牙膏、牙刷、脸盆之类的小的生活日用品，在周围小卖部买就可以，图个方便快捷。

二手市场是最廉价的，在经济条件有限的情况下，不失为一个好去处。一般小区周边都有二手市场，因为买卖以旧货为主，所以讨价还价的余地很大，二手市场的货物也比较齐全，碰上好的卖主还可以附带买到一些其他有用的小东西。一般来说，自行车、旧电视机、旧沙发、旧床等在二手市场购买是不错的选择。

身在城市中怎样合理选择购物场所呢？相信每个人都有自己的选择，有的人喜欢去专卖店购物，有的人喜欢去综合商场购物，那么怎样才算合理选择购物场所呢？合理选择购物场所要注意以下几个方面：

一是看交通是否便捷。农民工的工作繁忙，时间紧迫，因此，要注意选择一个交通便利、路程较近的购物场所，不仅节时，而且省力，会带来比较轻松的购物体验。

二是看购物场所商品的价格、商品的质量以及丰富程度。大部分农民工出门打工是为了挣钱，生活上都省吃俭用，因此，购物时要选择一个价格合理又质量过关的场所非常重要。在各个城市都有这样的购物场所，你可以向居住时间较长的同乡和当地人询问。当然，货物的丰富程度也应该作为考虑要素之一，因为丰富的商品可以节约往返多个场所而消耗的时间。

三是看购物场所的信誉和服务态度。良好的信誉是我们的利益保障，好的服务态度可以让人保持一个愉悦的心情，这也有利于工作和身心健康。

安全购物的一些注意事项

（1）购物时注意不要带太多现金，购买大宗商品尽量使用信用卡。同一物品用信用卡付账时，最好一次结清。使用信用卡，应先确认收据上的金额再签字。

（2）皮包皮夹不离手，即使上洗手间，也应随身携带，以免小偷趁机下手。皮包拉链拉好，以放在胸前为宜，背后背着的皮包往往是小偷偷窃的重点。

（3）对于找回的现金，一定要先看清楚是否是假币，而且数额要当面点清。如果回家后发现不对，再回去找其理论就说不清楚了。

（4）切勿接受陌生人所提供的廉价商品。

（5）货比三家不吃亏。购买高价物品时，宜多比较，因为很多商品在不同的商店价格是不一样的。同时，购买后记住索取小票和完整的收据。

另外，购物时还要记住以下几点注意事项：

（1）定点购买。很多有消费经验的人，日常消费品基本是定点购买。这样做，一是可以保证质量，二是对价格心中有数。

日常柴米油盐等生活用品可以在超市购买，而且认定一种品牌沿用下去。如果距离超市近，每星期可以去逛几次。平常少买一点，够两三天用的就行。碰上超市搞特价时，就多买一些，既新鲜又实惠，还不用怕短斤缺两。

由于经常光顾，对价格和质量都摸得准，购买时对各类商品就会心中有数。

家电类和穿戴类商品，可以在当地的商场或百货大楼购买，虽然价格贵一点儿，但售后服务好，质量有保证，经久耐用，还是划算的。

（2）反季节购物。商场抓住了消费者追求时尚和急需购买的心理特点，在商品热销时标的价格会略高一些，而非热销的反季节商品往往会便宜很多。

对于早看好了的反季节商品，抓住时机购买可以省很多钱。例如，冬天买冰箱，夏天买羽绒服，只要转变一下观念，样式不会发生多大变化，却能为你实实在在地省下很多钱。

（3）节假日购物。现在很多商场在节假日期间都搞促销活动，一般是打折和返还现金。很多商品，甚至是很时尚的商品，在节假日购买，价格会便宜许多。各大商场的促销活动此起彼伏，只要处处留心，抓好时机，就能给自己带来实惠。

（4）名牌效应。对价格相对昂贵的大件商品，可以买名牌。有些名牌商品虽然买的时候价格高，但确实耐穿耐用。市场上有些杂牌子，虽然购买时便宜，但用不了多长时间就出质量问题，需要花费很多维修费，算算账，未必便宜。

小贴士

很多商场、超市都会为经常光顾的顾客办一张会员卡，如果你长期光顾某家超市，办一张会员卡还是比较合算的，既可以享受会员价，也可以碰到很多针对会员的打折商品，同时，还会有积分，年底根据你的积分情况有不同的奖品。

做个精明的购物者

出来打工挣钱不容易，所以一定要把钱花在刀刃上，怎样才能生活得好，又省钱呢？

1. 树立正确的消费观念

观念指导行动。因此，正确的消费观念对我们的理性购物来说是必不可少的。

第一，提倡适度消费。一些人存在着"别人有的我也一定要有"、"节衣缩食只为满足自己的虚荣心"、"偶像崇拜，买有偶像做广告的昂贵商品"、"不穿不再流行的衣服和鞋子"、"只买名牌商品"等不正确的消费心理，应当根据自己的实际情况，适度消费。

第二，反对铺张浪费。有人为了讲排场、摆阔气不顾自己的实际情况花不该花的钱；有人大手大脚花钱，没有节约的观念和意识。这些都不是良好的消费观念，我们要切实转变，反对铺张浪费。

第三，物质消费与精神消费相协调。要树立物质消费和精神消费和谐发展的意识，在物质消费的同时，如能有读书学习、文化娱乐等消费则不仅能使物质和精神两者消费协调起来，而且还能提高消费者的素质，提高消费者的生活品质。

2. 理性购物

人们常常受打折、促销、广告等的影响，而进行不必要的冲动消费。消费者在购物时往往一时冲动而买回不少自己喜欢却并不适用，甚至是并不真正喜欢，也并不真正需要的商品。理性购物可从以下几方面做起：

第一，列出购物清单。严格按照清单上列出的物品进行购买，避免一时冲动而购买不必要的物品，从而做到理性购物。

第二，必要时携带计算器，算出购物筐内的物品的价值总额，如果花费超出了自己的预支，可以去掉那些并不急需或可买可不买的东西。

第三，不要被包装所迷惑。因为包装越精美，其商品也越贵，而包装相对简单的商品未必不能满足需求。

第四，购物时，勿将注意力放在捆绑销售或附赠的物品上。

3."五不"、"五要"防上当

现在假冒伪劣商品特别多，很多朋友都有被骗的经历，在城市中尤其应当防范，可能稍有疏忽就会上当。购物要想不上当或少上当，应做到"五不"、"五要"：

（1）"五不"

①不买"三无商品"，即凡是无厂名、无厂址、无标识的商品都不买，因为"三无"商品大都是假冒伪劣货。

②不买无固定摊位者出售的商品。这种人往往"打一枪换一个地方"，出现问题无法追查。

③不买花言巧语者推销的商品，一些不法商贩以大减价、大酬宾、处理库存等作引诱，甚至雇人当"托"行骗，致使不少消费者上当。

④不买超过保质期的商品，即使降低价格也不要买。

⑤不到无维修能力的小商店买大件耐用商品，因为一旦出现问题，这些小商店不愿或者无能力承担责任。

（2）"五要"

①购物前要对商品价格、质量、品种等情况进行调查，通过比较，择优购买。

②购买大件物品时要索取发票、信誉卡、保修单，票据要妥善保存，以便商品出现质量问题索赔时有据可查。同时，在商场购物要注意妥善保存好小票，上面印有所购物品的名称和价格，

可作为在这家超市购物的凭证。

③购物后要对所购商品质量、数量进行核查，防止不法经销商以假乱真或缺斤少两。

④维修彩电、冰箱、手表等贵重商品时，要双方当面检验，牢记主要元件上的号码，防止被"偷梁换柱"。

⑤当发现购物上当受骗时，要勇于维护自身正当权益。

4. 调整消费心态

城市里，经常会开展购物送礼、打折、抽奖等各种形式的促销活动，节假日更是火热。大家看到这种机遇的时候，难免有购物的冲动。再者，有人为了摆阔，常常购一些仿制品或者假冒伪劣产品，这些为他们的安全埋下了隐患。尤其是购买电子产品，不管自己经济条件如何，再高也要买，目的是在别人面前炫耀，这种消费心理是不对的。

上述都是消费心态的问题，无论哪种情形，都说明了消费心态的不健康。农民工朋友需要对自己的消费水平有一个正确的认识，对自己的消费进行合理地规划，要理性购物。只有保持正确、健康的消费心态，才能使生活更美好。

新的购物形式——网上购物

随着互联网的普及应用，网上购物逐渐成为当今社会的新时尚。据调查，19 个大中型城市，上半年网络购物金额达到了 162亿元。网上购物就是利用互联网购买自己需要的商品或服务。具体地说，它是交易双方从洽谈、签约以及货款的支付、交货通知等整个交易过程通过互联网来完成的一种新型购物方式，是电子商务的一个重要组成部分。国内的网上购物，一般付款方式是款到发货，担保交易（淘宝支付宝，百度百付宝，腾讯财付通等担保交易），货到付款等。

1. 网上购物的优点

网上购物与传统购物相比，具有以下优点：

第一，可以在家"逛商店"，买东西不受时间、地点的限制。

第二，获得较大量的商品信息，可以买到当地没有的商品。

第三，网上支付较传统拿现金支付更加安全，可避免现金丢失或遭到抢劫。

第四，从订货、买货到货物上门无需亲临现场，既省时又省力。

第五，由于网上商品省去租店面、招雇员及储存保管等一系列费用，总的来说其价格较一般商场的同类商品更便宜。

第六，对于商家来说，由于网上销售没有库存压力、经营成本低、经营规模不受场地限制等，在将来会有更多的企业选择网上销售，通过互联网对市场信息的及时反馈适时调整经营战略，以此提高企业的经济效益和参与国际竞争的能力。

第七，对于整个市场经济来说，这种新型的购物模式可在更大的范围内、更广的层面上以更高的效率实现资源配置。

网上购物突破了时间、地域的障碍，无论对消费者、企业还是市场来说都有着巨大的吸引力和影响力，在新经济时期无疑是达到"多赢"效果的理想模式。

2. 如何在网上购物

在网上购物是非常方便的，可以使用支付宝、网上银行、财付通、百付宝等网络购物支付卡来支付。

以下以财付通付款的具体操作步骤来说明：

（1）在"拍拍"（一家网络购物网站）选择您想要购买的商品，确认出价金额和购买数量，然后点击"确认购买本商品"；

（2）进入"购买信息确认"页面或购买下商品后在"我的拍拍""已购买的商品"页面，选择"现在去付款"按钮；

（3）核对您的商品购买信息和收货信息，如果没有填写收货信息请立即填写，确认无误后，点击"现在就去付款"按钮；

（4）如果您的"财付通账户"中余额足够支付，您直接输入您"财付通账户"的支付密码，然后点击"确认提交"。若您"财付通账户"中余额不足支付，推荐您采用"财付通·一点通关联支付"。如果暂时没有财付通账户，也可以选择一家银行通过网上银行支付，然后点击"确认提交"；

（5）支付成功后，确认信息即可。

目前国内已经有一种可以购买的网络购物充值卡，可以直接对支付宝或财付通进行充值，这的确解决了很多没有网银的朋友网上购物的需求。

网上购物是一个新兴产业，首先可以对比的是图片和价格，在你先确定一个产品后，你要就这个产品的价格进行对比，然后观察卖家的信誉以及卖家这个产品的卖出情况，然后最好选择有保障的交易方式，这样可以制约卖家。

3. 网上购物四步走

第一步

（1）要选择信誉好的网上商店，以免被骗；

（2）购买商品时，付款人与收款人的资料都要填写准确，以免收发货出现错误；

（3）用银行卡付款时，最好卡里不要有太多的金额，防止被不诚信的卖家拨过多的款项；

（4）遇上欺诈或其他受侵犯的事情可在网上找网络警察处理。

第二步

（1）看。仔细看商品图片，分辨是商业照片还是店主自己拍的实物，而且还要注意图片上的水印和店铺名，因为很多店家都在盗用其他人制作的图片。

（2）问。通过"旺旺"（买家与卖家聊天的一种工具，功能与QQ差不多）询问产品相关问题，一是了解其对产品的了解，二是看该店的态度，人品不好的话买了他的东西也是麻烦。

（3）查。查店主的信用记录，看其他买家对此款或相关产品的评价。如果评价不好，要仔细看店主对该评价的解释。

另外，也可以用"旺旺"来咨询已买过该商品的人，还可以要求店主视频看货。原则是不要迷信钻石皇冠，规模很大有很多客服的要分外小心，坚决使用支付宝交易，不要买态度恶劣的卖家的东西。

第三步

通过购物返还可以节省更多费用（2%～50%不等）。

什么是购物返还？

在返还网站购物，会给您一定比率的现金返还，到一定点数就可申请返还，目前几家比较大的返还网站有网易返现，返还网，QQ 返利等。

第四步

通过搜索引擎查找商品，购物搜索网站收录的卖家产品一般都是企业或工厂开的网上店铺，具有产品质量保证，通过购物搜索引擎可以比较卖家支付方式、送货方式、卖家对商家信誉服务态度评论，也可查看卖家所在地到线下自行提货。这是一种新的购物选择方式，目前知道的人较少，不过挺方便。另外，在网上进行交易的时候，还要注意网址的链接要安全，保护好自己的隐私，选择口碑好的购物网站等，这样能够使你的网上购物更安全可靠。

4. 十招教你识破网络骗局

第一招：查公司/个人经营资质。

（1）看是否为正规注册的公司在经营，是否公布了公司资质证书、公司注册号。现在网站必须公布 ICP 注册号（一般在页面底部），如果没有，可能是放在国外的服务器上，不要相信。从 ICP 号可以查到网站所有者的公司。所有省、市的工商局（红盾网）提供网上查询方法，或者电话查询，你只要输入 ICP 号或拨打电话即可辨别该公司真伪。如果没有公布公司注册资料，肯定有问题！

（2）查公司留下的联系方式。既然违法行骗，都会为自己留有后路，联系地址要么虚假，要么含糊，联系电话以手机、移动小灵通居多。一个连固定场所、固定电话都不敢给你的商家，你敢相信他的信誉吗？

（3）如果是个人在经营，得注意了，是否有约束机制（比如淘宝网所采用的支付宝）？因为工商部门对个人商业行为的约束力少得可怜。

第二招：查是否有不良记录。

一个正规经营的公司，在互联网上应该能搜索出很多相关信息，包括介绍、新闻、注册等信息，也包括被查处、被投诉的信息。

如果是淘宝易趣的店铺，则有信用评价，仔细查看已经成交的顾客的评价。

第三招：查是否是价格陷阱。

（1）利益的诱惑，永远都是受骗的开始。合理的利润是公司生存的基础，如果报价低于普通报价一大截，甚至半价，一定是陷阱。任何海关扣留品、水货、清仓品等，都不可能有如此低的价格。如最近深圳沙头角中英街有几个几乎半价卖手机、数码的"公司"经工商部门查实完全是骗子公司。

（2）网上购物，价格便宜是一个方面，促销的一个策略是这里亏点，那里则赚点，超市有时白菜五分钱一斤，大家应该见过。所以个别低价不足为怪，如果全部是低价，则是陷阱。

第四招：查最近是否有成交发货记录。

任何公司只要正常运营，都有快递或者邮政发货单号，要求该网站提供最近的几个顾客的快递号，或者EMS，根据此号码，可在网上查询是否有成功发送的记录。因为不会显示顾客购物信息，所以网店没有理由以隐私为由拒绝此项查询要求。

第五招：查是否能提供货到付款服务。

货到付款是骗子的要害七寸。我们不要奢求目前的中国电子商务公司都能提供全国地区货到付款，但该公司所在城市或区域应该能提供货到付款的服务，这也证明该公司有足够的实力，且认真在经营。如果这点都办不到，不要冒险了。

第六招：查是否告知产品真伪、水货/行货识别方法。

骗子公司自己采用调换重要配件、以假乱真、以次充好，混淆行货水货的伎俩进行获利，所以绝不会清楚告诉顾客识别方法。

比如：网上有索尼数码相机价格特别低廉的，低于进价。经查：原配电池300多元，如果改换假索尼电池，只需几十元成本！

第七招：查运输安全和售后服务。

国人的消费观念、消费习惯、注意力等均放在付款前的价格上，而欧美国家的成熟消费观念则将注意力放在付款后的服务上。网上购物的人群都是高素质人群，有必要提升自己的消费观念，注意事项包括：关注运输途中货物丢失有无赔偿、售后服务保修有无承诺等，特别注意个别品牌如索尼数码相机等需要凭发票加保修卡才能获得全国联保。

第八招：尽量汇款到公司账户。

凡是正规注册公司均有公司基本账户，户名绝对是公司名全称，若搪塞推诿以各种理由拒绝用公司账号接受汇款的所谓"公司经营者"，则要小心了。因为如果公司不存在或已经注销，银行会退回汇款，若汇款到个人账户，则明显有问题。

第九招：尽可能委托当地朋友交易。

骗子能在网上行骗，就是凭借消费者无法找到他，即使找到成本也很高。委托当地的朋友，上门取货，或者见面交易，也是很好的办法。

第十招：以低价物品成交第一单。

实践是检验真理的唯一标准！如果以上判断都没有问题，还有点担心，可以尝试性购买低价的商品，获得该公司在销售、质量、发货、服务等方面更多的了解，如果满意，就可以逐步购买一些其他的价值高一些的商品。骗子都是"钓大鱼"的，他没时间来理睬你的"小单"，所以善于利用此招也能维权。

怎样退换商品

1. 法律是怎样规定的

根据《消费者权益保护法》第二十三条规定："经营者提供商品或者服务，按照国家规定或者与消费者的约定，承担包修、包换、包退或者其他责任的，应当按照国家规定或者约定履行，不得故意拖延或者无理拒绝。"其中"包修、包换、包退"简称为"三包"，"三包"实施要点如下：

（1）谁经销谁负责"三包"，即销售者对售出的产品按规定实行包修、包换、包退。

（2）产品自售出之日起 7 日内，发生性能故障，消费者可选择退货、换货或修理。退货时，销售者应当按发票价格一次退清货款。

（3）产品自售出之日起 15 日内，发生性能故障，消费者可选择换货或修理。换货时，销售者应当免费为消费者调换同型号同规格的产品。如无同型号同规格产品，消费者要求退货的，销售者应当予以退货。

（4）在"三包"有效期内，修理两次仍不能正常使用的产品，凭修理者提供的修理记录和证明，由销售者负责为消费者免费调换同型号同规格的产品。

（5）在"三包"有效期内，因生产者未供应零配件，自送修之日起超过 90 日未修好的，修理者应当在修理状况中注明，销售者凭此据免费为消费者调换同型号同规格产品。因修理者自身原因使修理期超过 30 日的，由其免费为消费者调换同型号同规格产品。

（6）换货时，凡属残次产品、不合格产品或者修理过的产品均不得提供给消费者。换货后的"三包"有效期自换货之日起重新计算。由销售者在发票背面加盖更换章并提供新的"三包"凭证或者在"三包"凭证背面加盖更换章。

（7）在"三包"的有效期内，除因消费者使用保管不当致使产品不能正常使用外，由修理者免费修理（包括材料费和工时费）。

（8）"三包"有效期自开具发票之日起计算，扣除因修理占用和无零配件待修的时间。

2. 怎样退换商品

对于质量不合格的商品，有权要求退换。退换的情况包括：

（1）质量问题。商品购买后在保修期内发现质量问题即可退换。

（2）非质量问题。按照有关保护消费者的规定，商品购买 7 天以内可以要求退货；7 天以上、15 天以内可以要求换货。

（3）其他情况。如果某商品属于人为损坏，则不能要求退换。

在办理退换货手续时，商品的外包装、原配件及赠品要完好无损，且要与商品一齐退回。

在退换货时，工作人员要同时收回原发货单、收据或发票。

在更换商品时，原则上只可以选择同种或同类商品。

更换过程中出现差价，应按最终购买的商品价格，多退少补。

3. 如何告别"退货难"

当前，"购货容易退货难"的问题普遍存在。顾客如能注意以下几点，就可以比较顺利地退货。

一是要了解退换商品的有关法律法规。主要有《消费者权益保护法》、《产品质量法》、《部分商品修理更换退货责任规定》（简称新三包）等。

二是要到讲信誉的大商场去购物。一般说，到大商场购物比较放心，首先是质量放心，即使出现问题，也不难解决，而在一些不讲信誉的小商店购买商品，要想退货实在不易。

三是购物时要索取凭证。如发票、信誉卡、包修证等，并要妥善保存。凭证内容要填写准确、具体，如牛皮鞋、进口原装彩电等字样要全文填写，不要只写"鞋"、"彩电"等概念不确切的词。

四是一旦商品出现故障，不要自己动手修。要到经营者指定的特约维修部门去修理，并要求修理者进行详细登记，如送修日期、何种故障、何时修复等。

五是要敢于依法护权。在购买、使用商品时，合法权益受到损害就要依法讨回公道，不要自认倒霉。首先依法找销售者协商，如协商不成就到消协投诉或向人民法院起诉。

第六章　城市休闲、娱乐

　　进城打工者作为中国城市化过程中的新生社会群体，为中国的工业化和城镇化建设发挥了巨大的作用。目前，社会各界对这一特殊群体的关注大部分仅限于就业、生活保障及教育培训等方面，却极少关注他们的休闲生活，使得城市农民工的休闲活动种类少、层次低，休闲生活质量不高。打工在外，远离家乡亲人，对城市的陌生，常常使打工朋友们产生一丝寂寞和苦恼。这里我们向打工朋友们介绍几个丰富而又简单易行的娱乐方式，使得在工作之余时刻保持愉快的心情！

玩棋牌及注意事项

　　工作之余我们如何娱乐呢？相信大多数人马上想到的就是打牌、下棋。不错，打牌和下棋所需的投资非常小，而且人数灵活，人多人少都可以玩。常玩的纸牌游戏有斗地主、升级、桥牌、拱猪等；棋类游戏有中国象棋、五子棋、军棋、围棋、跳棋、国际象棋等。

　　下面简单说说打牌的注意事项。

　　有关资料表明，作为一种休闲娱乐活动，打牌对人们的身心健康有益，但前提是适可而止。打麻将必须记得游戏规则和摸牌先后顺序，及牌友出过什么牌，所以适度地打打麻将能刺激人脑活跃，提高认知能力、注意力和记忆力。

玩棋牌的注意事项包括：

（1）玩棋牌应在工作之余的休息时间，不要发出过大的喧闹声，以免影响他人学习和休息。

（2）我国幅员辽阔，一起工作的同事可能会来自不同的地方，大家所熟悉的游戏规则往往不一样。玩棋牌时首先要统一游戏规则，以免导致游戏规划不一而引起争执。

（3）棋牌只是一项娱乐活动，不能玩物丧志，干扰工作和生活。

（4）玩棋牌是以娱乐为目的的，不要带有赌博性质。

虽然适度打牌有利于身心健康，但长时间打牌却容易诱发各种疾病。医学专家提醒，患有以下疾病的人不宜长时间打牌：

（1）高血压、冠心病人；

（2）糖尿病人；

（3）甲亢患者；

（4）慢性肾炎、肾盂肾炎及肾功能不全患者；

（5）消化性溃疡病人；

（6）肝硬化病人；

（7）心身疾病患者。

网上娱乐及注意事项

1. 上网是一种时尚娱乐

随着知识经济的发展，互联网成为当今社会的一大主题，给人们的工作和生活带来了巨大的变化。

上网能给我们带来什么好处呢?

第一,可通过互联网聊天或者是 QQ 等方式联系家人、广交朋友。

第二,互联网为我们提供了求知和学习的广阔天地。上网可以使我们获得所需的许多知识,而且,随着诸多网上学校的陆续建立,针对普通人和打工者的一些网上培训也变得并非遥不可及。

第三,学会熟练使用计算机。对 21 世纪的我们来说,熟练使用计算机,是一项越来越重要的技能。

2. 上网的注意事项

当今社会,网络不断深入家庭,有相当一部分年龄较小的农民工也成了"网虫"。网络世界虽然精彩,却也有不少弊端,特别是在网吧上网,如果不注意就可能会对上网者的身心造成伤害。为了做到安全上网,需要采用多种防范措施。

(1)注意养成良好的卫生习惯

不宜一边上网一边吃东西,否则易造成消化不良或胃炎。

(2)注意保持皮肤清洁

应经常保持脸部和手的皮肤清洁,因为电脑荧光屏表面存在着大量静电,其集聚的灰尘可转射到操作者脸部和手的皮肤裸露处,如不注意清洁,时间久了,易发生难看的斑疹、色素沉着,严重者甚至会引起皮肤病变,影响美容与健康。

(3)注意补充营养

上网者如果在荧光屏前工作时间过长,视网膜上的视紫红质便会被消耗掉,而视紫红质主要由维生素 A 合成。因此,经常上网者应多吃些胡萝卜、白菜、豆芽、豆腐、红枣、橘子以及牛奶、鸡蛋、动物肝脏、瘦肉等食物，以补充人体内维生素 A 和蛋白质。平时也可多饮些茶，因为茶叶中含有茶多酚等活性物质，有吸收与抵抗放射性物质的作用，对人体的遗传基因也有一定的保护作用。

（4）注意正确的坐姿

操作时坐姿应正确舒适。应将电脑屏幕中心位置调整在与操作者胸部同一水平线上，眼睛与屏幕的距离应在 40～50 厘米，最好使用可以调节高低的椅子。在操作过程中，应经常眨眨眼睛或闭目休息一会儿，以调节和改善视力，预防视力减退。

3. 说说"网吧"

城市中，上网的去处多数是大大小小的"网吧"。不同网吧的设施服务条件不同，收费额度也有所不同。比如在北京，市区普通的营业性网吧的收费标准是每小时 3 元，南方的上海、广州等经济发达城市是每小时 5 元左右，较小或欠发达城市是每小时 1 元或 2 元。

推荐几个对我们有用的网址：

门户网站：http：//www. sina. com. cn/

百度：http：//www. baidu. com/

音乐：http：//mp3. baidu. com/

健康：http：//www. 39. neff/

天气预报：http：//www. cma. gov. cn/netcenter_news/ qxyb/ city

列车时刻表：http：//www. cngoto. com/tr/chaxun. htm/

网上地图：http：//map. baidu. com/

邮编查询：http：//www. ipl38. com/post/

人才招聘：http：//www. 51job. com/

电视节目预告：http：//www. tvsou. com/

彩票查询：http：//www. 50018. com/

农业信息：http：//www. agri. gov. c/jghq/ly/index. htm/

旅游景点查询：http：//www. ctrip. com/Destinations/Destination Guides. asp/

中国移动话费查询：http：//www. chinamobile. com/

证券之星：http：//www. stockstar. com/

飞机航班：http：//www. yoee. com/

4. 提高网络安全意识

（1）不要把姓名、住址、电话号码等与自己身份有关的信息资料在网上的任何场所公开，比如 QQ、MSN、E-mail 等，记住，是任何场所！

（2）不要轻易向任何人提供自己的照片，不随意在不知底细的网站注册会员或向其提供个人资料。

（3）当有人通过某种途径通知你中奖时，千万不要轻信，不管是大奖还是小奖，天上掉馅饼的事不会轻易发生在你身上。

（4）当有人以赠送钱物为由要求你赴约或提出登门拜访时，应当高度警惕，最好婉言拒绝。原因同上，白给你钱物的陌生人千万要注意提防，避免上当受骗。

（5）千万不要单独一人与网友进行约会，即使有朋友陪同，约会地点也一定要选在公共场合，且最好要选择自己熟悉的地方。

（6）不要轻信网友的信息资料，因为一些别有用心者上网前往往用假信息资料巧妙地把自己伪装起来。

（7）网友就局限在网上为好，贸然走出"网"，就有可能给工作、生活、安全带来麻烦。

（8）网上购物时，应避免在收到货物前直接付款到对方账户，应尽可能使用财付通或支付宝等支付平台购物，因为这样付款安全有保障。

（9）登录网络银行等重要账户时，要注意网站地址是否和服务商提供的网址一致。

（10）尽量访问正规的大型网站，不访问包含黄色、暴力等不良信息的网站。

5. 警惕网恋被骗

如同"媒妁之言"一样，网络也是一种认识的方式，选择网恋，不但可以节约双方的时间、机会成本，而且也可以节约资金成本。然而，虚拟是网络的一大特点，在网络世界里，有虚拟有现实，有真诚有欺骗。遇到真诚的人，我们固然高兴，那遇到骗子我们该怎么办？该如何预防网恋骗子呢？

（1）遇到网恋骗子，在没有被骗取财物的情况下，可以自动与其取消联系；在财物被骗的情况下，首先要报警，然后将以前的聊天记录调出来，看一下以前的聊天信息，掌握骗子的基本情况，同时要注意网恋情人的 IP 地址，了解其活动地点。

（2）在上网时，如果碰巧遇到自己中意的对象，并谈起了网恋，一定要同他/她视频、语音聊天，验证是否如同信息所说。如果在同城，可以邀其见一面，再确定其基本情况，但一定要注意在人多、相对安全的地方见面，尽可能有人陪同。

（3）如果遇到对方主动邀请自己去某个地方吃饭或者玩，

一定要提高警惕，首先要分析是去什么地方，还要看是什么时间以及自己对地点的熟悉程度。如果是晚上或者去一个不太健康的场所或者去一个很偏远的自己根本就不熟悉的场所，一定要提高警惕。

（4）即便是处于热恋之中，对于个人的某些信息也不能够透露，比如银行卡号和密码、其他有关身份方面的信息等。如果出现对方向自己借钱或者网上购物索要密码之类的，一定要警惕并坚决予以拒绝。

逛书店拒绝盗版书

如今，进城的打工者都有一定文化水平。他们已不满足靠打扑克、看电视和聊天来打发休闲时光，走出工地租书、买书成了新的文化娱乐方式。

书店的经营规模越来越大，图书的种类也五花八门，我们怎样才能方便、省钱地买书呢？

（1）专业图书。根据自己所需和经济状况，见到有用的就可以买，不用左思右想，因为这类书一般是不会大幅度降价的（如计算机图书，医学图书等）。

（2）非专业图书。买这一类图书时学问就大了，买此类书别忘了砍价。

最好选择几个固定的书摊购书，平日同这些摊主拉拉"近乎"，别小看那短短的几句"麻烦您""谢谢""再见"等，说不定下回买书时，你就会享受到九折、八折甚至七折的优惠待遇。

再有，你可别小看这些小书摊，摊主一个个神通广大，可以弄来你想找而找不到的好书和奇书。

（3）教辅图书。不论为自己还是为了孩子，教辅书都是人们买书的一大类别。购买教辅书，关键要少而精。要选择正规的书店和专业出版社的版本，他们比较专业，能够保证质量。

另外，许多大书店和连锁书店也是我们免费看书的好去处，有的甚至还为读者提供一些凳子和椅子。

盗版书往往以低价打折来吸引人，但其质量一般都很差，如果以正版书的价格买了错误百出的盗版书，那就得不偿失了。那么，如何识别盗版书呢？

（1）查看封面、插图和广告。新闻出版署规定严禁用色情、凶杀的文字和画面招徕读者，而黄色书刊的封面大多刊有色情、淫秽、凶杀、暴力等刺激性画面。非法刊物还往往在封面上标出挑逗性目录，甚至以目录代替刊名，或目录的字体大于刊名。有的刊物的期、卷号有意搞得模糊不清，以便长期销售。这些非法刊物的插图也往往印有色情、淫秽、恐怖、凶杀画面。

（2）要留意图书的纸质及印装质量。很多盗版书的封面色彩艳丽，有的甚至还印有防伪标记，但如果认真翻一下图书正文，你就会发现，纸张发黄发脆、手感粗糙；印刷质量低劣，版心不正，错别字多，透印、粘脏现象普遍，油墨着色时深时浅；装订质量很差，折页不正，刀花、短页、连刀页较多；由于订口不牢，有些书的封面与正文分离、脱落。

（3）查看卖书人及售价。盗版书一般不到正规书店去销售，因为这样易被查抄，卖盗版书、盗版光盘的人，大多数是推小车、提布袋、摆地摊、叫卖兜售的不具合法经营资格的游商小贩。盗版书从纸张、排版到印刷，成本很低，既不付稿酬又逃避税收，因此兜售者往往以大大低于标价的价钱出手，一本定价标着 60 元的书，15 元他就卖给你。而地摊上那些对折出售的新书，也大多是盗版书。

（4）看装订。按出版业的常规，一本 200 页以上的正版书常常放弃铁丝订而改用锁线或无线胶订，而由于印刷装订设备的局限或出于降低成本考虑，盗版书三四百页以上仍常用铁丝订，而且盗版书装订质量很差，有些书的封面与整个书的内文完全分离。

（5）看用纸。书要两面印，纸张太薄则易渗墨而致字迹模糊。所以，除辞典外，正版书用纸均在 60 克以上。一旦遇到纸比较薄的书，另一面字迹能渗露过来的，多数是盗版书。

（6）翻看内文。盗版书在内文上有三种特征：一是错别字多。二是排版不整齐，一会儿字间距很大，一会儿又很小，让人感觉很不舒服。三是有的盗版书是依原书翻版照排，为的是减少文字差错和排版上的丑相，但纸张上墨点多，字迹也比较虚，看上去很像复印件。

文明看电影

城市生活节奏快，工作压力大。很多人希望在工作之余去放松一下，看场电影无疑是不错的选择。

面对遍布城市中的大大小小的电影院和录像厅，我们一般有四种选择：

（1）大型影院。大都设在繁华商业区，设施好，服务规范，票价也比较贵。

（2）一些走平民化道路的文化馆、工人俱乐部，大多数是中小型的，票价较低。

（3）票价低廉的录像厅。录像厅大多数不清场，想看几部看几部。

（4）去网吧看电影是新出现的选择。网吧里的电脑一般都提供看电影的服务，并且网吧里储备大量经典的和新上映的影片。在网吧看电影只需付上网的费用。

另外，城市中大专院校内和院校周围往往有很多价格低廉甚至是免费的电影放映场所。

在电影院看电影的注意事项有：

（1）准时入场。

（2）合理使用手机。最好是关机，如果你必须知道来电，建议利用留言服务或把手机设置为振动。更不宜在影院中接听，即使到门外接听，因为起身离座的响动有可能影响他人。

（3）保持安静。电影一旦开始，应该马上停止聊天，需要跟身边的朋友说话时，一定要尽量低声。

（4）吃零食别出声。避免食用瓜子、花生等带壳的食物，吃这些食物发出的声音会干扰他人。

（5）维护环境卫生。电影结束后，离场时记住把废弃物扔到垃圾箱里。

（6）严禁吸烟。

（7）放映结束后，按顺序离场。

逛公园及注意事项

城市的高楼大厦与喧嚣使我们远离了大自然，紧张工作之余去公园里放松一下，可以使我们享受清新的空气和宁静的氛围，使人精神愉快、心情舒畅。

城市中的公园有：全市性公园、居住区公园、儿童公园、动物园、植物园、历史名园、风景名胜公园、游乐公园及其他类公园等。

社区公园、街旁绿地一般是不收费的，而综合性公园、儿童公园、动物园、植物园、历史名园等，往往收取一定费用。

游览公园的注意事项

最健康最节约费用的一种娱乐方式就是逛公园。公园是大家最经常去的娱乐场所，在公园里，可以锻炼身体，可以欣赏风景，可以认识新朋友，可以放松紧张的工作压力，但是，也要注意文明浏览。

（1）现在有很多城市里的公园是免费的，如果遇到不免费的，要主动购票，不要与院内工作人员因为门票问题而产生冲突，要服从公园内工作人员的管理。

（2）讲文闷，讲礼貌，自觉遵守社会公德、公共秩序和园内有关规定。

（3）爱护园内人文景观，禁止刻画、涂抹、损坏园林建筑；不得损害花草树木，践踏草坪植被；严禁在园内捕鱼、抓鸟和盗挖花草。

（4）自觉维护公共卫生，不随地吐痰、便溺和乱丢果皮纸屑。

（5）注意自身安全，不要攀爬或翻越护栏；不要采摘、食用任何植物的枝叶果实，以避免误食造成不适或中毒。

（6）不要带一些危险的宠物进入公园，以避免发生意外伤人事件。

买彩票及注意事项

彩票在中国已成为大众关注的热点了，500万大奖也成了人们在街谈巷议中常常提及的数字。

目前我国主要发行的彩票分体彩、福彩两种。

体彩是"体育彩票"，由国家体育总局发行，包括足球彩票、篮球彩票、数字排列等。

福彩是"社会福利彩票"，由民政部发行，典型的是双色球与3D。

彩票都是2元1张，在当地的彩票出售网点直接购买就可以。中奖数额大的有体彩的七星彩和福彩的双色球，都能出500万元的大奖，而双色球目前是最火的大奖投注彩票，每期销售量都在亿元左右。

玩彩票的投资很低，有利于社会公益事业，对国家是一件很好的事情。另外，心理专家指出，玩彩票可以缓解人们的精神压力。彩票对于在城市中辛勤工作的我们来说，有利于缓解过于紧张的心理压力。

但是，任何事物都有两面性，若过于投入，沉迷其中，甚至不惜孤注一掷，则会导致心态失衡，产生许多心理问题。如果一夜致富的想法过于强烈，会削弱年轻人执著奋斗的精神，也会淡化我国自古以来勤劳致富的优良传统。

买彩票时我们要注意：

（1）要清楚自己的承受能力，支出不要超过自己的预算范围。

（2）假如与朋友合伙凑钱买彩票，事先就要明确双方的权利义务、资金投入以及中奖奖金的分配比例，避免产生纠纷。

（3）要注意彩票的开奖日期，一旦中奖，要在规定的时间内兑奖。如果资金过大，要找人陪同去领，以保安全。

（4）彩票要妥善保管，不要丢失，不要弄脏或者损坏其表面。

（5）买彩票找回的钞票当面点清，并注意分辨真假。

（6）喜欢自己选号的彩民，拿到彩票后，应在短时间内（不超过5分钟）尽快与自己选择的原号码逐一核对，发现错误马上更正。时间太长的话，电脑系统就不能修改了。

（7）保管彩票时，避免被水、油、汗弄湿或弄脏，远离火焰与高热，避免彩票因污染或高温受损，影响兑奖。

（8）由于彩票不记名、不挂失，对于还没开奖或已中奖的彩票，一定要小心保管，防止遗失。

（9）兑奖时最好经过电脑确认，避免人工差错造成损失。

如果幸运中奖，要赶在有效期内兑奖，比如体育彩票"36 选 7"兑奖有效期为 28 天，逾期不再予以兑奖。

（10）留意各种彩票的销售、停售时间与开奖日期。

正 确 饮 酒

大家背井离乡，来到异乡城市寻求梦想。每到节假日，难免孤独思亲，邀上三五好友，来到街边小店、饭馆，来个"一醉解千愁，把酒话衷肠"。饮酒除了能排遣这种思乡之情外，同时也是生活中一个不错的娱乐方式。然而，喝酒有利也有弊，且更多的是"弊"，是其对身体的伤害。因此为了把这种伤害减少到最小，我们还需要了解一些与喝酒有关的知识。

（1）不空腹饮酒，这是饮酒不醉的主要诀窍。因为这样可使乙醇在体内吸收时间延长。

（2）酒不和碳酸饮料一起喝，因为这类饮料中的成分能加快身体吸收酒精。

（3）喝酒时切忌饮用冰水、柠檬水等刺激性的饮料，这些饮料会刺激胃黏膜。

（4）喝白酒，不可一饮而尽，须分成几口喝；喝啤酒，要等啤酒沫落下以后再喝，否则，轻则腹胀难受，重则呕吐。

（5）宜慢不宜快。饮酒若慢慢饮入，体内可有充分的时间把乙醇分解掉，乙醇的存积量就少，不易喝醉。

（6）由于酒精对肝脏的伤害较大，喝酒的时候应该多吃绿叶蔬菜，其中的抗氧化剂和维生素可保护肝脏。还可以吃一些豆制品，其中的卵磷脂有保护肝脏的作用。

（7）酒后喝醋、喝茶解酒，这些都是误区，醋和茶都不能解酒。如果身不由己喝得太多，酒后可以吃一些水果，或者喝一些果汁，因为水果和果汁中的酸性成分可以中和酒精。很多人酒后往往不吃饭，这样危害更大，应吃一些容易消化的食物，比如来一碗面条就非常好。

（8）饮酒时，吃猪肝最不易醉。这不仅是因为其营养丰富，而且因为猪肝可提高身体对乙醇的解毒能力，常饮酒的人会造成体内维生素 B 的丢失，而猪肝又是维生素 B 最丰富的食物，因此煮猪肝或炒猪肝是很理想的伴酒菜。

（9）饮酒后立即吃些甜点心和水果可以保持不醉状态。水果含有大量的果糖，可以使乙醇氧化，使乙醇加快分解掉，甜点心也有大体相仿的效果。

（10）在饮酒之后饮用热汤，尤其是用姜丝炖的鱼汤，特别具有解酒效果。

（11）预防酒醉性胃炎和脱水症，可饮加砂糖或蜂蜜的牛奶，既可促进乙醇分解，又能保护胃黏膜。为了避免由于脱水会使盐分丢失，可适量饮些淡盐水。

（12）饮酒后第二天，如果感到胃酸胃胀，可以服用胃舒平等药物，待胃酸缓解后再喝水；如果感到胃痛，可看情况服用其他胃药，但不要服用止痛药，因为止痛药对于胃痛疗效甚微。

远 离 毒 品

毒品，不论是对于自己的身体，还是对于整个家庭，危害都非常大。有些农民工朋友可能由于城市的工作和生活压力，想放松心情而沾染了毒品；有些可能是存在着侥幸的心理或者贪占便宜的心理而染上了毒瘾。不管怎么样，一定要远离毒品，珍爱生命，以下介绍几项预防吸毒的常识。

（1）沾染毒品的诱因很多，预防吸毒的措施也很多，但归根结底，预防吸毒的关键还在于自己。只有认识毒品的危害，珍视生命，远离毒品，才能够切实保护自己，不被毒品所害。个人预防吸毒主要是要不断提高自身的综合素质和能力。

（2）家庭成员之间的亲密度是任何社会团体都无法比拟的，发现其异常行为，应及时劝导、制止。要善于沟通、交流，用情感化解毒害。

（3）要严格约束自己的行为。可能会有人为了排遣抑郁而去舞厅，这个时候一定不能吸陌生人递给的烟或者喝陌生人给的酒和饮料，因为有些毒贩把毒品注入到烟和酒中；绝对不能相信那种"一两次绝对没问题"的言论，有些人可能是心情苦闷，而毒贩告诉他吸毒可以排遣抑郁，且吸一两次根本没问题，绝对不能相信，这是很可怕的；去看病时要去正规的医院，而不能去那些"地下"诊所，很有可能在看病的时候，就被注入了毒品。

（4）发现可疑行为高度警惕。吸毒者有许多共同的行为特征，如发现下列行为，应高度怀疑有吸毒行为：无故旷工、不遵守纪律或工作表现突然变坏；在家中或单位偷窃钱财、物品，或突然频频地向朋友索要或借钱；长时间躲在自己房间内或远离家人、他人，不愿见人；言行举止表现神秘诡异；藏有毒品及吸毒工具（如注射器、锡纸、切断的吸管、匙羹、烟斗等）；皮肤上发现注射针孔，长期穿着长袖衬衣；面色灰暗、眼睛无神、食欲不振、身体消瘦；情绪不稳定，异常地发怒、发脾气、坐立不安、睡眠差；无故出入偏僻的地方，与吸毒者交往。若发现周围的人有如此情形，要保持冷静，告诉其毒品会造成的身心及社会危害，吸毒易上瘾，上瘾难以摆脱。同时以同情、谅解、关怀和爱心帮助其停止吸毒，并进行系统的戒毒治疗，鼓励其热爱生活，摆脱毒品的控制。

第七章 城市卫生常识及城市文明

个 人 卫 生

1. 手的卫生

人们在日常生活中的衣、食、住、行和劳动、休息等，都涉及一系列的卫生内容。如果缺乏卫生知识，没有良好的卫生习惯，就很难有一个健康的身体，也就谈不上能适应现代化快节奏的生活和劳动。

勤洗手是非常重要的，很多感染病例的导火线就在于双手接触到有病菌的物体。如果不及时将手上的病菌清除，就会导致病菌的蔓延。如果日常注意个人卫生，无论是"非典"还是"禽流感"，都可以有效预防。

洗手看似简单，殊不知学问很大，而大多数人没有养成洗手的良好习惯，更不知道如何正确科学地洗手。一般人在洗手时，多半只是简单快速地搓洗一下手心、手背，就以为已经完成任务。要"有效"地洗手，就必须留意下面几个步骤：

（1）开水龙头冲洗双手。

（2）加入洗手液或抹肥皂，平搓出泡沫。

（3）双手相互搓手心、手背、指甲内外和四周、指尖、虎口位置，最少揉搓 10 秒钟才冲水。

（4）用流动的水冲洗至少 10 秒钟。

（5）完全搓干净后，再用清水将双手彻底冲洗干净。

（6）用干毛巾或手纸彻底抹干双手，或用干手器吹干双手。

2. 早上最好用冷水洗脸

许多人早上起来喜欢用热水洗脸，认为水越热越舒服，尤其是冬天。但从保健角度来说，用热水洗脸远不如用冷水洗脸好。事实上，人们应该一年四季都坚持用冷水洗脸。从养生保健的角度讲，讲究用冷水洗脸、温水刷牙、热水洗脚。

长期坚持用冷水洗脸有预防感冒的作用，而用热水洗脸却没有这种效果。具体做法是，每天早上起床后，先打上一盆冷水，吸足一口气，然后将整个脸部浸泡水中，能坚持多久就多久，可以反复几次；再将双手在水中浸泡几分钟；最后再清洗脸部。这样做既可以润肤明目，也可以醒脑提神。冷水的刺激可改善面部的血液循环，又可增强皮肤的弹性，消除或减轻面部皱纹。冷水洗脸还可驱寒，锻炼人的耐寒能力，更可预防感冒、鼻炎的发生，对神经衰弱、神经性头痛患者也有益处。当然，洗脸用的冷水温度也不能太低，以 10℃ 左右为宜。

3. 刷牙

口腔是消化道的入口，与呼吸道关系密切，由于温度、湿度、酸碱度以及残留在口腔的食物残渣，均适宜微生物、细菌的生长繁殖，不仅容易损坏牙齿，还能引起其他疾病，如：扁桃体炎、呼吸道疾病、风湿性心脏病、肾炎等。我们应当注意口腔的清洁卫生，坚持每天刷牙漱口，养成良好的卫生习惯。

刷牙不宜用冷水，也不宜用太热的水，特别是冬季用冷水刷牙，会使牙龈紧急收缩，最易导致牙龈出血或牙髓痉挛，从而影响牙齿的正常新陈代谢，长此以往就可能引起牙齿松动甚至脱落，而用温度较高的热水刷牙也会对牙齿产生不良刺激，从而影响牙齿寿命。所以，一年四季特别是冬春季节刷牙最好在冷水中加入一些热水，使其温度在35℃，接近人体体温为宜。

正确的刷牙方法能有效地清除牙齿及牙周组织菌斑和软垢，可起到预防龋齿和牙周病的作用。因此，提倡不损伤牙齿及牙周组织的竖刷法。刷上颌后牙时，将牙刷置于上颌后牙上，使刷毛与牙齿呈45度，然后转动刷头，由上向下刷，各部位重复刷10次左右，里外面刷法相同。刷下颌后牙时，将牙刷置于下颌后牙上，刷毛与牙齿仍呈45度角，转动刷头，由下向上刷，各部位重复10次左右，里外面刷法相同。上、下颌前牙唇面刷法与后牙方法相同。刷上前牙腭面和下前牙舌面时，可将刷头竖立，上牙由上向下刷，下牙由下向上刷。刷上下牙咬合面时，将牙刷置于牙齿咬合面上，稍用力以水平方向来回刷。

刷牙的时间每天应做到早晨和晚上临睡前各刷牙一次，并坚持饭后漱口。每次刷牙需3~5分钟才能将牙齿的各个部位刷到。晚上睡前刷牙更为重要，因它能清除当日三餐积存于牙齿上的食物残渣污垢。否则，在夜间睡眠状态下，口腔内滋生细菌，污物与唾液的钙盐沉积形成菌斑及牙石，日久便会使牙齿发生龋齿及牙周病。

4. 洗澡注意事项

人体的皮肤功能很重要，不仅能防御有害物质对人体的侵犯，保护健康，还具有调节人体新陈代谢的功能。由于皮肤不断分泌汗液及皮脂，因此灰尘及微生物、细菌等很容易依附在皮肤上，如果皮肤不能保持清洁卫生，不但影响皮肤正常生理功能，还可能引起皮肤病，如疖肿、皮癣、疥疮等。因此我们应当注意皮肤的清洁，经常洗澡，换衣服，除去皮肤上的汗垢、尘污和皮屑等不洁之物，保持皮肤的清洁卫生。

沐浴护肤健身需注意如下几点：

（1）水温勿太热。洗热水浴虽然能促进血液循环、消除疲劳，但超过40℃的热水却可溶解皮肤上呈酸性的油脂，破坏皮肤这一正常的屏障，尤其是干燥型皮肤的人，则更应注意。

（2）食后勿洗浴。人体在饱食之后，往往副交感神经处于兴奋状态，胃肠蠕动加快，消化液分泌增多，全身血液较多地流向内脏器官。如果在饭后立即洗澡，可使兴奋的副交感神经突然转入抑制，胃肠蠕动变慢，消化液分泌减少，并且皮肤血管扩张，血流量增加，心脏的负担加重，对患有高血压、冠心病的人有导致心绞痛或心肌梗死的危险。因此，饱食之后切勿立即洗澡。

（3）饥饿勿沐浴。人体处于饥饿状态时，血糖往往降低，若在此时沐浴，可引起晕眩，甚至低血糖休克。发生这种情况，应立即喝点糖水或吃一块糖。若仍不能恢复，应立即请医生处理。

（4）热身勿冷浴。在强烈的行走、劳动或锻炼之后，体内新陈代谢旺盛，体温升高，周身皮肤血管扩张，往往感到很热，排汗增多。如果此时进行冷浴，热身与冷水突然接触，可刺激皮肤末梢神经，使皮内的毛孔收缩，影响汗腺的排泄，并且皮肤的血管收缩，影响血液循环，致使体内产生的热量不能充分散发，正常的体温调节受到影响，容易引起发热或感冒。因此，在劳动或运动出汗后，应先把汗液擦干，稍事休息后再洗澡。

（5）女性勿盆浴。女性采用盆浴，会使洗澡水流入阴道，有引起阴道或尿道感染的可能。此外，使用公共浴盆，极易感染滴虫。所以，女性洗澡最好是采用淋浴，不要进行盆浴。若必须使用公共浴盆，要预先用沸水烫浴盆或用其他方法进行消毒方可使用。

（6）酒后勿入浴。人体在饮酒之后，血液循环加快，新陈代谢增强，大量地消耗体内储存的葡萄糖，并且酒精可抑制肝脏的正常运动功能，影响体内葡萄糖量的恢复。如果酒后立即入浴，更加重了上述情况的发生，因而对健康不利。

5. 洗脚好处多

我国有一句古话："热水洗脚，胜吃补药。"每天要是能泡脚 15 分钟就能发挥保健作用，如把双脚浸入 40℃ 左右的热水中，15~20 分钟后头痛会明显缓解。这是因为双脚血管扩张，血液从头部流向脚部，可相对减少脑充血，从而缓解头痛。对于感冒发热病引起的头痛，热水泡脚还有助于退热。并且，经常坚持热水泡脚治疗相关疾病的应用范围还有很多，风湿病、脾胃病、失眠、头痛、感冒等全身性疾病，截瘫、脑外伤、中风、腰椎间盘突出症、糖尿病等大病、重病后的康复治疗等都包括在内。

6. 不要轻易掏耳垢

很多人都为了舒服就和别人互相掏耳朵，看起来好像很卫生，但很可能会伤了自己。专家指出，掏耳朵是一种坏习惯，这样做的害处有很多。其实耳朵具有自清能力，耳垢可以在无须外力帮助的情况下自行清除。

耳垢是外耳道软骨部分皮肤内腺体的分泌物，扮演着清洁剂的角色，同时也起到保护和润滑耳道的作用。外耳道皮肤表面都会附有一层极薄的耳垢，暴露在空气后，结成淡黄色或褐色薄片，在咀嚼、跑跳等活动中会自行脱落并排出。外耳道内常有黄色黏稠状耳垢，这也属于正常现象。因此，大部分人不需要清理耳垢，如果经常掏耳朵反而会使耳道内堆积霉菌。但除非有以下两种情况出现，一是出现耳痛，需要除去耳垢检查耳道，确定是否患有中耳炎；二是耳垢过多造成听力阻碍，但这些都必须在医生的指导下进行。

7. 剪鼻毛的正确做法

有人常常用小剪刀伸进鼻孔去剪鼻毛，也有的理发师给顾客剪鼻毛。这些都是极其错误的做法，会妨碍人体健康。

鼻孔里的鼻毛似一道道栅栏，能阻挡随空气进入呼吸道的粉尘、尘埃及其他异物，同时也能把细菌病毒挡在人体之外，待打喷嚏时一起排出。如果把鼻毛剪掉（或拔掉）将使人体失去一个守门的卫士，将会有很多细菌进入人的呼吸道，影响人的健康。鼻毛过长者，可以用干净的剪刀小心地将露在鼻外的那部分剪去，绝不可将剪刀伸进鼻孔里去剪，以免损伤鼻部皮肤。

8. 清洁用品要个人专用

许多病变都是通过接触传染而来的，比如红眼病、皮肤病、流感等。为避免这种情况发生，一定要注意个人卫生，不随便使用别人的物品或是公用物品，特别在洗澡时以淋浴较为卫生，不要使用浴盆，除非是消过毒的。使用抽水马桶前应对其表面进行消毒。不要共用毛巾、浴巾、香皂、梳子等。应勤洗澡，勤理发，勤换衣袜，勤剪指甲。

9. 正确认识桑拿浴

桑拿，是疗养院和理疗科的重要治疗手段。桑拿分干蒸与湿蒸两种。它主要是通过蒸汽与皮肤的接触，扩张毛孔，排出毒素、毛孔分泌物，从而促进血液循环和新陈代谢，达到健身美容的目的。桑拿浴对身体具有一定的保健作用，它能够加快血液循环，使全身各部位肌肉得到舒缓，并可以放松身心。同时它在预防血管硬化，治疗关节炎、腰背痛、支气管炎、神经衰弱等方面都有一定功效。但是如果过于频繁，就会对身体造成一定伤害，少年频繁蒸桑拿更是会对生殖、智力发育造成潜在危害，所以不宜频繁地洗桑拿。

洗桑拿浴必须注意 5 点：

（1）蒸桑拿的时间不宜超过 40 分钟；

（2）饥饿、过饱、过度疲劳时不宜蒸桑拿；

（3）感到头晕、嗜睡、身体不适，应立即离开；

（4）体弱，10 岁以下儿童，酒后以及正在服用药物者，应避免进行桑拿浴或先咨询医生；

（5）心脏病、高血压、传染性皮肤病、癫痫的人忌蒸桑拿。

10. 健康生活方式五忌

（1）忌早晨吸烟。吸烟会使支气管因烟的刺激而痉挛收缩，使二氧化碳的排放受阻，从而产生气闷、头晕、乏力等症状。

（2）忌空腹喝牛奶。空腹喝牛奶时胃排空很快，蛋白质来不及被吸收即排到大肠，不但造成营养浪费，而且蛋白质还会在大肠内腐败成有毒物质。

（3）忌如厕看报。如厕看书报不但会使排便意识受到抑制，失去直肠对粪便刺激的敏感性，久而久之会引起便秘。

（4）忌热水澡时间过长。洗澡时热水产生出大量的水蒸气，有些有毒物质随蒸气而被身体吸收，进入血液循环系统，对心脏不利。

城市文明须知

1. 什么是文明礼貌

文明礼貌，是人们在社会交往中受到历史传统、风俗习惯、家庭信仰、时代潮流等因素的影响而形成的，它主要表现在待人谦恭和气，谈吐文明有礼，举止端庄大方等方面。文明礼貌反映着一个人的精神面貌、文化涵养和文化素质，是一个人心灵美、语言美和行为美的和谐统一。

2. 说话的文明

在社会交往中，语言是最主要的交流方式。文明的谈吐会给人带来较好的印象，受人尊重，甚至能给自己带来更多的发展机会。文明的交谈要注意以下方面：

（1）称呼要恰当。对长辈和陌生人要常用"您"，对于同辈和晚辈可以根据关系远近的程度直接喊其姓名或者昵称。

（2）做到处处有礼节。问候的时候说"您好"，告别说"再见"，致谢说"谢谢"，不周之处说"对不起"，回敬则用"不客气"、"不要紧"、"不碍事"、"没关系"等。

（3）谈话应保持一定距离且不要随便打断别人的说话。

（4）说话时手势、表情要恰当；语言要文雅、不粗俗。

（5）在公共场所谈话时不要大声喧哗，制造噪声。

3．重视个人仪表、仪容

仪表、仪容是一个人精神面貌的外观体现。

具体来讲应注意以下方面：

☆头发：应保持头发清洁，发型修饰得体，并且应与本人的自身条件、身份和工作性质相适宜。

☆面容：男士应养成每天修面剃须的好习惯。女士化妆要得体，并注意化妆的时间和场合。在正式场合，女士不化妆会被认为不礼貌，但化妆并不意味着浓妆艳抹，大部分的场合只需要化淡妆即可，同时注意在公共场所不能补妆。

☆表情：应保持面部自然从容，目光温顺平和，嘴角略带微笑，让人感到真诚可信、和蔼可亲。

☆手部：要保持手部的清洁，养成勤洗手，勤剪指甲的良好习惯。在正式场合切忌留有长指甲及指甲修饰不当。

☆衣着：应做到整洁、大方，切忌穿着另类服装。

☆体态：要保持端庄、典雅，勿做作和故弄玄虚。

4．注意行为举止

中国有句俗话，叫做"站有站相，坐有坐样"，就是讲人的行为举止和各种姿态要得体大方，文明优雅。

（1）谈话姿势

谈话的姿势往往反映出一个人的性格、修养和文明素质。与人交谈时，首先双方要互相正视、互相倾听、不能东张西望、看书看报、面带倦容、哈欠连天。否则，会给人心不在焉、傲慢无礼等不礼貌的印象。

（2）站姿

站立是人最基本的姿势，是一种静态的美。站立时，身体应与地面垂直，重心放在两个前脚掌上，挺胸、收腹、收颌、抬头、双肩放松。双臂自然下垂或在体前交叉，眼睛平视，面带笑容。站立时不要歪脖、斜腰、屈腿等，在一些正式场合不宜将手插在裤袋里或交叉在胸前，更不要下意识地做些小动作，那样不但显得拘谨，缺乏自信，而且也有失庄重。

（3）坐姿

坐，也是一种静态造型。端庄优美的坐姿，会给人以文雅、稳重、自然大方的美感。正确的坐姿应该是腰背挺直，肩放松。女性应两膝并拢；男性膝部可分开一些，但不要过大，一般不超过肩宽，双手自然放在膝盖上或椅子扶手上。在正式场合，入座时要轻柔和缓，起座要端庄稳重，不可猛起猛坐，弄得桌椅乱响，造成尴尬气氛。不论何种坐姿，上身都要保持端正，如古人所言的"坐如钟"，那么不管怎样变换身体的姿态，都会自然、优美。

（4）走姿

行走是生活中的主要动作，走姿是一种动态的美。"行如风"就是用风行水上来形容轻快自然的步态。正确的走姿是：轻而稳，胸要挺，头要抬，肩放松，两眼平视，面带微笑，自然摆臂。

5．"注视"的学问

在人际交往中，约87%信息的获取都是来源于视觉，而来自听觉的只占10%左右。因此注视在人际交往中是十分重要的，注视对方的方式和时间的长短能够反映出一方对另一方的重视和友好程度。掌握注视的学问能够增进彼此的关系，增加自身的机遇。

目光注视的时间：在交谈时，人们视线接触对方脸部时间占交谈时间的 30%～60%，过长会被认为对对方本人比对其谈话内容更感兴趣；过短则相反。

目光注视的位置：合适的目光注视显示一个人的大方、坦诚，不能紧盯着对方某一部位，或者上下打量，注视对方位置不同，所传达的信息也会不同。

社交注视区间：范围一般是以两眼为上线，以下颌为下点所形成的倒三角区间。注视这一区间容易出现平等的感觉，让对方感到轻松自然，从而创造良好的氛围。此举多用于日常社交场合。

亲密注视区间：位置是对方的眼睛、双唇和胸部。注视这些位置能激发感情，表达爱意，是具有亲密关系的人在对话时采取的注视区间。

6. 注意吸烟的场合

公共场合一般不能抽烟，尤其是设有禁止吸烟标志区域。如果需要抽烟应该到指定的地方去。

到朋友家做客的话不要一进门就拿烟，要等过一段时间后由主人主动提议。如果身旁是女士，吸烟时要先征得女士的同意。不可一边叼着烟卷，一边同女士握手，更不可一边挽她的胳膊一边抽烟。

7. 上门拜访时应注意哪些问题

时间的选择。要尽量避开吃饭的时间。节假日和周末没有预约就不要贸然前往，预先约定时间才显得礼貌，约定后要注意准时前往。

服装的选择。整洁、大方、朴素即可，不必太过华丽。反之，衣冠不整、蓬头垢面，是对主人的不敬。

进门的时候。进门前应先敲门或先按门铃，等主人开门说"请进"后再进去。进门后向主人问好，如果不是预先约定好的，要先问主人是否有时间，简短地说几句话就告辞。

有别人在场时。和主人谈话，来了别的客人，不管认识与否，应主动起身打招呼。如果自己的话说得差不多了，可以起身告辞。

在主人家里。随手乱翻，到处乱闯，是对主人的不尊重，一般不宜带年幼的小孩子去做客，那样会增加主人的麻烦，更不应该在别人家责骂自己的孩子。

交谈的时候。谈吐文雅，对主人家的家庭情况作一般了解，关心过度，反复盘问，就显得粗鲁无礼了。交谈时要简明地把事说完，不要滔滔不绝，让主人插不上嘴。主人说话时留心倾听，静心观察，主人有不耐烦的神色时，适时起身告辞。

告辞的时候。一般性质的访友，以半小时为宜，告辞时对自己的打扰和主人的款待表示谢意，有长辈的话应先与长辈告辞，女士和男士告别应先伸出手握手，如果和年长的女性告辞则应等对方先伸出手。出门后，主动请主人"留步"。

不要在提出告辞后又长时间攀谈，那样会弄得送客者站在那里很尴尬。

8. 到医院看望病人时应注意哪些礼貌

闲谈话题应轻松愉快，尽量绕开病情，注意忌讳。探望时间不要太频繁，时间长短以 10 分钟到半小时为宜。可以带鲜花和水果，长期住院可带书籍和杂志。探望者不宜浓妆艳抹。

9. 接、打电话时应注意哪些问题

要问候，自报家门，声音清晰，咬字清楚，语调适度，保持一张笑脸，姿势良好。

应迅速接听，不应让铃响超过三次。

转接电话一定要确认对方的身份和姓名。

备好便纸条，左手握电话，右手执笔。

不要忘记礼貌性的寒暄。

打电话一方先挂电话，话筒要轻放。

如果为他人记留言，一定要记录清楚，及时传达。

10. 如何正确使用手机

除了要遵守电话礼仪外，还应该注意：

在会场、影剧院等明显影响他人的环境中，应关机或将铃声处于振动状态。如需要在公共场合、正式活动中使用手机，应起身迅速离开，在不影响他人的地方接听。不得不当众接听时，应向周围人道歉。不能一边与别人交谈，一边接听手机。

遵守加油站、医院、飞机上等场所不得使用手机的规定，在驾车时按照规定使用耳机接听电话，以确保安全。

若接到他人电话，应及时回复。更换了手机号码要及时告诉自己的重要交往对象，确保联络畅通。

不用手机讨论机密事件或私人隐私。

不通过手机短信传播低俗、污秽、虚假、违法的信息。

手机一般应放在公文包、坤包或上衣口袋中，不宜握在手里、挂在衣服外边或腰带上。

第八章 城市银行、邮局

银行在我们的生活中不可或缺，理财、投资甚至交电费水费都得靠着它们。在中国加入 WTO 后，金融行业的域外品牌的蜂拥而至给目前的中国银行带来了什么样的变化，这些银行又都有着怎样的背景，我们今天来认识认识。

中国的几大银行

中国工商银行

成立时间为 1984 年 1 月 1 日，总部设在北京，是中国内地规模最大的银行。全球资本排名第 16 位。1983 年 9 月 7 日颁布的《关于中国人民银行专门行使中央银行职能的决定》规定，中国人民银行专门行使中央银行职能，分设中国工商银行、中国人民建设银行、中国银行、中国农业银行等专业银行，中国工商银行主要办理工商信贷业务，中国人民建设银行以基本建设投资为主要业务，中国银行以涉外信贷为主，中国农业银行主要服务于农业开发和建设。

中国银行

中国银行是 1912 年 1 月 24 日由孙中山总统下令，批准成立的。其前身是 1905 年清政府成立的户部银行，在 1908 年改称为大清银行。

1928 年，国民政府另立央行，特许中国银行为国际汇兑银行。1950 年 4 月，中国银行总管理处划归中国人民银行总行领导。

1953 年 10 月 27 日，中央人民政府政务院颁布《中国银行条例》，明确中国银行为中华人民共和国中央人民政府政务院特许的外汇专业银行。

经过近百年的发展，中国银行已经成为中国国际化程度最高的商业银行。

中国建设银行

中国建设银行成立于 1954 年 10 月 1 日。当时行名为中国人民建设银行，1996 年 3 月 26 日更名为中国建设银行。

中国农业银行

1955 年 3 月成立，1957 年 4 月，国务院决定将中国农业银行与中国人民银行合并。

1979 年 2 月，国务院发出《关于恢复中国农业银行的通知》，决定正式恢复中国农业银行，恢复后的中国农业银行是国务院的直属机构，由中国人民银行监管。农业银行的主要任务是，统一管理支农资金，集中办理农村信贷，领导农村信用合作社，发展农村金融事业。

交通银行

交通银行始建于 1908 年（光绪三十四年），是中国早期四大银行之一，也是中国早期的发钞行之一。1958 年，除香港分行仍继续营业外，交通银行国内业务分别并入当地中国人民银行和在交通银行基础上组建起来的中国人民建设银行。为适应中国经济体制改革和发展的要求，1986 年 7 月 24 日，作为金融改革的试点，国务院批准重新组建交通银行。1987 年 4 月 1 日，重新组建后的交通银行正式对外营业，成为中国第一家全国性的国有股份制商业银行，总行设在上海。如今第一大股东仍是国家财政部，其控股达 20%，第二大股东汇丰控股 19.9%。

随着近几年国有银行股份制改革，除农业银行外，四大国有银行均上市经营，与交行一起并称中国新五大银行。

招商银行

招商银行成立于 1987 年 4 月 8 日，是我国第一家完全由企业法人持股的股份制商业银行，总行设在深圳。

招商银行股份有限公司是由招商局集团有限公司（国资委管理的中央企业）下属企业控股（17.63%）的股份制商业银行。

招商银行总资产逾 8 000 亿元，在英国《银行家》杂志"世界 1 000 家大银行"的最新排名中，资产总额位居 114 位。

中信银行

中信银行（原名中信实业银行）隶属于中国中信集团公司，创立于 1987 年，是中国改革开放中最早成立的新兴商业银行之一。前国家副主席荣毅仁先生为首任董事长。

兴业银行

成立于 1988 年 8 月，原名"福建兴业银行"，2003 年 3 月更名。

中国民生银行

中国民生银行于 1996 年 1 月 12 日在北京正式成立，是我国首家主要由非公有制企业入股的全国性股份制商业银行。

华夏银行

成立于 1992 年，总部位于北京。

深圳发展银行

1987 年 12 月 28 日，中华人民共和国历史上第一家向社会公众公开发行股票的商业银行——深圳发展银行宣告成立。这是中国金融体制改革的重大突破，也是中国资本市场发育的重要开端。

广东发展银行

1988 年 9 月成立。

上海浦东发展银行

上海浦东发展银行是 1992 年 8 月 28 日经中国人民银行批准设立，于 1993 年 1 月 9 日正式开业的股份制商业银行。

银行利用小知识

在城镇务工挣钱不容易，为保险起见，除去必要的零用钱和寄回家的钱之外，应该将剩余的钱存到银行。

我们经常打交道的银行主要是工商银行、建设银行、农业银行和交通银行，还有城市银行和农村信用合作社。另外，我国还有华夏银行、招商银行、光大银行、民生银行以及一些外资银行等，不过我们接触不多罢了。

比较大的银行和信用社，在全国各地都有分行或储蓄所，各银行和信用社的利率是一致的，我们可以选择任意一家银行或信用社去存钱。除了银行之外，邮局也开设邮政储蓄业务，利率与银行、信用社是一样的。

1. 可供选择的储蓄方式

（1）活期储蓄。即在任何时候都可以存钱和取钱，很方便，但利率较低。

（2）定期存款。其特点是一次性存入一定数目的存款，经过一段时间后再一次性取出，一般是 3 个月、6 个月、1 年、2年、3 年或 5 年，不到期就不能取。时间越长，利率越高。

第一次存款时必须带上自己的身份证。账户的名字要和身份证一致，否则存折丢失没办法挂失。为了防止丢失，应该给自己的存折设置密码。可以选择一个容易记住的密码，但不要太简单，如不要设 123456 或 000000 等。

第二次存钱就不用带身份证了，只要带上钱和存折就可以。

一定要妥善保管自己的存折和储蓄卡，记住账号和密码，不要随便告诉他人。

2. 怎样申办银行卡

现在，银行都有银行卡业务，其功能和存折相似，不同的是取钱更方便。你可以拿着卡到银行存钱取钱，也可以在自动取款机上取钱。取款机不受银行上下班时间的限制。如果晚上需要钱，银行又关门了，就可以拿着银行卡到自动取款机上取钱。自动取款机上贴有说明，一步一步地提示你怎么操作，非常方便。

在银行办理存折时，你可以同时申办一张银行卡。这样，你的存折和银行卡就是同一个账户，从卡上取了钱，存折中钱的数目会减少；通过存折存进去了钱，那么卡上的钱也会变多。

一定要记住自己银行卡密码，不要随便告诉他人。如果存折或银行卡丢失，必须带上身份证尽快去银行挂失。

至于如何办理银行卡，银行的工作人员会很热情地告诉你。

3. 银行卡的使用

银行卡有多种功能卡，储蓄、转账、消费、缴费、股票买卖、国债买卖、外汇买卖、开放式基金查询等都可以通过一张银行卡实现。现在比较常用的银行卡有工商银行的"牡丹卡"、建设银行的"龙卡"、农业银行的"金穗卡"、招商银行的"一卡通"等。

如何在 ATM 上使用银行卡？

将银行卡按卡面（机器）显示箭头方向插入插卡口，正确输入密码，即可按照机器界面提示进行操作。在 ATM 上取现一般规定每天最多不超过 5 次，累计金额也有规定。

银行在发卡城市当地银行的 ATM 上取现，一律免收手续费。在发卡城市以外的银行营业网点或 ATM 上取现，每笔收取取款额 1% 的手续费，最低 1 元，最高 50 元。在发卡城市的他行 ATM 上取现，需支付跨行取现手续费每笔 2 元。银行将从您的账户中自动扣收这部分款项。

银行卡使用的"八大注意"：

（1）保护好银行卡的磁条，要防止尖锐物磨损、刮伤磁条或扭曲、折坏银行卡；多张银行卡最好不要紧贴在一起存放，更不能将两张银行卡背对背放置在一起。

（2）保护好密码。在任何情况下不要向任何人提供、泄露个人密码，包括银行工作人员也无权过问你的密码。

（3）当持卡人在 ATM 取款或 POS 机上刷卡消费遇到网络故障、通信线路及其他异常情况时，不要惊慌，你的钱不会丢失，银行对账后如果发现错账，会自动将款项退还给你。你还可以通过查询、投诉的方式解决银行暂时无法核对的错账，督促银行及时将款项退还给你。

（4）持卡人对于银行卡使用中不清楚的事项不要向陌生人咨询，应当向发卡商业银行专门机构咨询，确保个人相关信息的保密性。

（5）加强安全防范，在银行柜台、ATM 和 POS 机上用卡取钱或消费时，输入密码时须防止旁人窃取。

（6）不要将身份证和银行卡存放在一起，以免丢失时给窃贼以可乘之机。

（7）持卡人不要随意丢弃交易流水单，因为部分交易流水单上有磁卡的原始资料，不法分子就是从这张小纸条入手伪造信用卡的。

（8）不要相信"异地消费"的诈骗手机短信，如接到此类短信不要回复，而要与你的开户行提供的客服电话联系。

小贴士

主要银行客户服务电话

中国银联　　　95516　　北京银行　　　　96169

中国工商银行	95588	北京农村商业银行	96198
中国农业银行	95599	中信实业银行	95558
中国银行	95566	广东发展银行	95508
中国建设银行	95533	上海浦东发展银行	95528
交通银行	95559	深圳发展银行	95501
兴业银行	95561	中国民生银行	95568
招商银行	95555	华夏银行	95577
光大银行	95595	邮政储汇局	11185

4. 丢失存折或银行卡该怎么办

当你的银行卡、存折遗失，应迅速拨打发卡银行服务热线，银行会立即停止该卡的使用权限。同时，持卡人或代理人应于7天内到发卡机构或该行的营业网点填写挂失申请书，以书面形式声明挂失。挂失时应提供你的姓名、存款时间、种类、金额、账号等有关资料。储蓄机构（银行或者邮局）在确认该存款属实，并且还未被冒领的前提下，即可办理挂失手续。挂失银行或邮局会要求你填写一张挂失人基本情况的书面申请，你按申请单上的要求如实填写就可以了。

如果存款人没时间亲自去挂失，可以委托他人到开户储蓄机构挂失。特殊情况下也可打电话或以寄信的形式挂失，但挂失后5天内应补办正式书面申请，否则挂失自动失效。如果存款在挂失前或挂失失效后被他人冒领，储蓄机构不负责任。另外，挂失只限于记名的存单、存折，不记名的存单、存折不可以挂失。

去邮局寄钱、取钱、寄信都要注意什么

1. 怎样填写汇款单

汇款单是汇款和接受的凭证。在我国,邮局系统和银行系统都可以汇款,只是他们两家汇款单的格式略有不同。

通过银行汇款更为快捷,一般两个小时便可以汇到对方账上,但是银行汇款有一个前提,就是对方收款人也必须在银行开户、拥有自己的账号,否则就无法把钱汇给对方。

2. 怎样写信封

对于还没有通信设施的偏远农村或亲人,最好的联系方式是写信。

凡认字的人都会写信,但很多人并不了解国家对信封的书写要求,以致很多信件因为信封写得不规范被退回或丢失。正确的书写格式是这样的:

在信封的左上角写收信人所在地邮编;

以下第一行文字写收信人地址;

中间用大字写收信人姓名;

下面用小字在右下方写寄信人姓名地址;

再下面写寄信人所在地邮编。

写完信封后将你写的信放到信封里,再用糨糊把信封口封上,在信封的右上角注明"贴邮票"的位置贴上邮票后就可以把信投到邮筒里了。

邮递员每天分两次或四次把信取走寄出。

3. 信件都有哪些种类

邮局根据信件的投递时间和保密程度把信件分为不同种类，主要有：

（1）平信：就是普通信件，写好信之后贴上邮票，投入邮筒就行。平信到达收信人手中的时间比较慢。

（2）挂号信：挂号信是在邮局有系统登记的信件。邮局对挂号信进行全程监控，不容易丢失，但是价格要比平信贵。邮局会开出票据，没收到可以查询或要求退回。

（3）特快专递（EMS）：邮政特快专递业务是邮政部门为用户提供的一项速度快、保密程度高的邮递业务。特快专递业务选用快速有效的方式完成收件、运输和投递过程，可为商业、外贸、金融等企事业及个人寄递时间性很强的信函、包裹。

特快专递业务在机场发运和海关通关方面，均能得到优先安排，一般24~48小时可以寄到，但是费用较高，对边远地区来说，时间也会相对长一些。

4. 去邮局寄取钱物要注意什么

在城镇生活，免不了要经常和邮局打交道，如往家里寄钱、寄包裹、取包裹、寄信等。

给自己的父母或亲友寄钱时，需要填写一张汇款单，填写时注意收款人的姓名一定要和身份证上一致，否则不能取款。寄钱手续办理完之后，营业员会交给你一张汇款收据，这张收据要妥善保存。如果2个月后，收款人还没有收到汇款，你可以凭这张收据到邮局查询。

去邮局收取汇款时，要带上自己的身份证和汇款单，到汇款单上指定的邮局取钱。如果收到汇款单后2个月没有去邮局取钱，那么邮局会把汇款退回。

邮寄包裹时，也要首先填写包裹单，填写时也要注意寄包裹人和收包裹人的姓名必须和身份证上一致。收取包裹时，也要带上身份证和包裹单，到包裹单指定的邮局领取。

第九章　城市突发事件的紧急应对

人生处处存在着风险。如果在家乡遇到突然发生的紧急事件，我们可以求助于亲人和朋友，而出门在外，来到陌生的城市，就只能靠自己解决。这时，掌握一些紧急应对知识就显得非常重要了。

遭遇偷盗或抢劫怎么办

（1）紧急拨打110。110是国家为及时打击犯罪行为而设置的专业报警服务台，全天候接受公民的报警和求助。打110是最为快捷有效的一种报警方式。需要注意的是：报警内容要具体确切，报警的主要内容有：发生案件的时间和地点，犯罪分子或可疑人员的人数、特点、作案工具、相关的车辆情况（颜色、车型、牌号等）、携带的物品和逃跑的方向等。同时要讲清你所在的位置、使用的电话号码和联系方式。

（2）就近迅速报警。如果你身边没有电话，或者遭遇到现行侵害情况危急，要到距自己最近或最方便的公安机关报警。如果在报警途中遇到值勤的巡警、交警，也可以向他们求助。这样既可以节省时间，也便于警方出击。

城市中警方为了方便群众，设置了很多治安岗亭，熟悉居住地点附近的治安岗亭，在发生紧急事件的时候就可以尽快寻求帮助。

（3）灵活机动报警。万一遇到歹徒袭击，无法报警，或因身体行动不便，要及时委托他人或周围群众帮助报警。对一些非现行案件，也可以通过书信的形式报警，注意书信内容要真实，字迹要清楚。

如果家里被盗，要准确提供物品损失情况，要确切说明是什么物品遭到损失，它的颜色和形状如何以及损害程度如何，陈述得越详细具体，越有利于破案。

如果你被盗抢的是移动电话，要及时到有关部门办理停机手续，也可以拨打电话声明停机：中国移动的客户服务电话是10086，中国联通的客户服务电话是10010。

当存折、银行卡丢失，要在第一时间到银行办理挂失，防止钱财被挪用。

（4）注意保护现场。报警完毕后，被侵害人或目击者应在现场等候民警的到来。对一些杀人、抢劫、盗窃等案件现场，还要及时采取保护措施，在民警到来之前，除搭救伤员外，不让任何人进入。

如何防止犯罪侵害

城市生活中的犯罪活动也有大致的规律，一般说来，掌握时间、空间、技能三大要素，对减少侵害会有一定的帮助。

（1）时间。据警方统计，一年有三次犯罪高峰：较为平安三月三，四月五月往上蹿，夏季多发强奸案，冬季侵财到高峰。

为什么夏天强奸案多呢，因为女孩儿穿得薄露透，很容易引起犯罪分子的注意。而且夏天很多人开窗纳凉，容易给犯罪分子入室的机会。一天 24 小时中，晚上 7 点到次日凌晨 6 点又是性侵害的高发时间。所以，七八月份晚上 7 点到次日凌晨 6 点，是一年中性侵害发生的双重高峰期。

（2）空间。很多盗窃、抢劫、强奸、打闷棍事件发生在人们通常认为是安全的地方。独自在家时，应该把门窗关好。有首歌谣这样唱：时常检查窗与门，篱笆扎紧狗难进，家中虚实勿告人，夜晚切记拉窗帘，防人偷窥起歹心。

需要注意的是，有些城市地下通道里发生打闷棍事件，就是歹徒从后面趁人不注意的时候用棍棒等凶器击打被害者头部，使人昏厥甚至死亡。因此，夜晚通过地下通道的时候，最好结伴而行，以防此类事件发生。

（3）技能。主要指被犯罪分子侵害时学会留下记忆痕迹。如在乘电梯时突然被犯罪分子抢劫，就要当机立断把手里的包或其他东西扔出去，在外等电梯的人一看，意识到里面出事了，会去帮助报案。

学几招对付窃贼的办法

不少人研究并总结了一些对付抢劫偷盗行为的切实有效的办

法，下面给出几条，大家不妨牢记在心，或许在遇到危急情况时能有所帮助。

第1招：谎骗。谎称同伴马上就回来或者找其他借口。毕竟做贼心虚，他们畏惧来人，就会退却逃跑。

第2招：逃跑。有的贼进来还没来得及关门时，你赶紧拔腿跑到外边去，只要跑出去，你就得救了。

第3招：报信。如果你在被歹徒控制的过程中，发现周围有人，就要想办法把信息传递过去。比如某小区一个人停车，突然从半空中掉下一个水壶砸了他的车，他正要发作，发现又掉一个东西。他气愤地奔上楼，发现这家女主人已被歹徒控制了，于是赶紧报案。

第4招：放弃。生命第一，财产第二。辛辛苦苦赚来的血汗钱被犯罪分子抢走，肯定感到非常可惜，但是，有时候放弃财产保护自身安全才是上策。

第5招：不叫。这里的不叫不是让你听从贼的摆布，不吭一声，而是要区分时候。如果旁边都是邻居，大白天开着窗，能叫的就要尽量叫；如果是黑夜，楼道里没人，就不要叫，有时贼不敢行凶，被你这么一喊，就有可能过激行凶。

第6招：捆绑。一般歹徒进屋后，都会把主人捆绑起来，这时候你要尽量把肌肉绷紧，这样他一走，就比较容易把结打开。

第7招：劝导。就是被害人在歹徒作案时，镇静下来做其思想工作，使之回心转意。有这样一个案例：一个入室抢劫的歹徒手破了，直流血，这家的小女孩给其上药水，歹徒受感动，没有杀她。女性容易博得人们信任，可以利用这一优势来劝导歹徒，使其打消行凶犯罪的念头。这方面还是有成功案例的。

特别提示：

我们不是要纵容罪犯，但当以一己之力不足以同残暴的歹徒正面抗争时，缓兵之计往往是扭转局面的最好的选择。

如何正确呼叫救护车

当有紧急情况发生，病人危在旦夕又不能抵达医院时，可以向医院或急救站要救护车。

较大城市一般都有急救中心或救护站，要救护车可给这些机构打电话。要记清叫救护车的电话号码，我国急救中心号码多为120，本地用手机或固定电话呼叫即为当地急救中心。

呼叫救护车时要讲清下面内容：

（1）病人所在地详细地址。要求正确、明白，不要漏说、误说，不要说模棱两可的话，如"某桥下"、"某商店对面"以免调度员重复询问，或使救护人员如大海捞针不着边际，以致延误时间。

（2）病人主要病情。打电话时，要简明扼要地介绍病人的主要病情，如大出血，是吐血、咯血、便血、产后出血，还是外伤出血等；昏迷，是外伤后出现的，还是在吃饭、看电视时突然昏迷，或是吃了什么东西以后出现的等。

（3）呼救者的姓名及电话号码。有时救护人员找不到地方，可通过调度员及时与呼救人联系。

要记住居住地的确切地址，当突发事件发生时可以迅速准确呼救，减少事故损害。

呼救后应注意做好下面几件事：

（1）在打完电话以后，最好有一人在病人居住附近的胡同口或路旁等救护车，以免救护车找病人耽误时间。

（2）把病人及随车带去的东西准备好，搬除楼梯或过道上影响搬运病人的杂物。

（3）如果在呼救后 20 分钟救护车仍未到达，可再次打电话询问。如果病人情况允许，就不要另找车辆，因为只要救护中心接到呼救，就一定会派车来的。

学会处理交通事故

学会正确快速处理交通事故，是我们在城市中生活的一个保障。

当发生交通事故时，应该立刻拨打 120 急救电话，然后拨打 110 报警电话。交通事故受伤者或目击者，在发生事故后，首先应记下伤害自己的车辆的车牌号码及车辆的外部特征。如果司机驾车逃逸，应注意保护事故现场，保全物证，及时报警。对逃逸者，公安机关一旦抓获，将从重从严处罚。对举报逃逸的有功人员，公安机关将给予奖励。

如果发生交通事故后留下残疾，就应该申请交通事故伤残评定。

从医院证明开具日期的第二天起，15 日以内伤者应提出伤残评定申请。伤者 15 日内不提出伤残评定申请，可以认为自动放弃得到伤残生活补助费和残疾用具的权利，公安交通管理部门按照一般受伤进行事故处理。超过申请期限提出的申请是无效申请。

只有因伤致残的事故当事人才有资格提起伤残评定申请；如果当事人因为年龄、疾病、伤残等原因丧失伤残评定申请的行为能力，或者不愿意亲自申请，可以由其法定代理人或委托代理人，以当事人的名义代为申请。委托代理时，应制作委托书。

在处理交通事故时必需提交以下材料：

（1）受理事故的交通大队开具的伤残评定委托书；（2）伤者住院病历及出院小结；（3）骨伤病人须提供近期 X 光片；（4）特殊伤情的相应证明材料；（5）伤残者及其委托人的身份证。

交通事故责任者应按照所负交通事故责任承担相应的损害赔偿责任，包括医疗费、误工费、住院伙食补贴费、护理费、残疾者生活补助费、残疾用具费、丧葬费、死亡补偿费、被抚养人生活费、交通费、住宿费和财产直接损失。

如何安全用电

电是人类的朋友，电灯、电视等电器都离不开电，但它又是"电老虎"，当人体直接接触电流的时候，就会发生触电事故，轻者人感到全身发麻、肌肉抽动，以致烧伤；严重时，立即出现呼吸、心跳停止而死亡。因此，当有人触电时必须争分夺秒进行抢救，但要同时注意自身安全。

（1）未成年人不具备安全用电的知识和能力，所以，当遇到有关用电的操作问题时，应请成年人去做，以免发生触电。

（2）大家在路上、野外遇到大风天气时，看到落在地上的电线，一定要绕行。注意不要在高压线下面放风筝，以免风筝线和电线缠绕而引起触电。如果不慎发生触电，首先要关闭电源开关或拔掉电源插头，尽快使触电者脱离电源。

（3）遇他人触电，在关闭电源前，要踩在木板上去救人，避免接触他的身体。戴橡皮手套、穿胶底皮鞋可防止触电；还可以用木棍、竹竿去挑开触电者身上的电线，也可防止触电。

（4）如果触电者呼吸、心跳已经停止，在脱离电源后应立即对其进行人工呼吸并及时呼救。触电的人可能出现"假死"现象，所以要长时间进行抢救，而不要轻易放弃。

怎样抢救溺水者

城市中有河流也有湖泊，但这些水域不是供人游泳或使用的，而是为美化环境而修建的。在这些非游泳水域，每年都有一些人违章游泳而发生意外溺水死亡事故。而在溺水者中，大多数都是由于抢救不及时而造成死亡的。所以，学会正确的救护方法也是非常必要的。

救人，最好是携带救生圈、木板等漂浮物去。要注意，不要被落水的人把你紧紧地抱住，否则会双双下沉。也可在岸边用长竹竿或绳子投向落水者，让他抓住，拉上岸，以协助其自救。

溺水者拉上岸后，可让溺水者平躺，头偏向一侧，协助其将口、鼻内的泥沙和水吐出来。假如溺水者呼吸很微弱或已经停止呼吸，要马上做口对口人工呼吸和在胸部正中进行压挤，帮助心脏恢复跳动。经过 20~30 分钟的抢救，溺水者也许会醒过来，眨眨眼睛或出现微弱的喘气。

注意在救人开始就拨打 120 急救电话，请医生来现场救护。不要一救上岸就急着送医院，这样有可能死在路上。

发生地震怎么办

在发生破坏性地震的地区，从地震发生到房屋倒塌，一般只有十几秒钟的时间。我们怎样在这短暂的十几秒内保障自己的生命安全呢？

如果在楼房，要迅速远离外墙及门窗，可选择厨房、浴室、厕所等空间小、不易塌落的地方避震，千万不要跳楼，也不能使用电梯。

在平房，来不及跑出户外时，可迅速躲在桌下、床下和坚固的家具旁或紧挨墙根，注意保护要害部位，并用衣物捂住口鼻，隔挡呛人的灰尘。正在用火时，应随手关掉煤气或电源，然后迅速躲避。

在户外，要避开高大的建筑物，远离高压线及化学、煤气等有毒工厂或设施；过桥时应紧紧抓住桥栏杆，待晃动过后立即下桥；正在行驶的车辆应当紧急停车。

在车站、商店、地铁等场所，要保持镇静，就地择物（排椅、柜架、桌凳等）躲藏，然后听从指挥，有序地撤离，切忌胡乱逃生。

唐山大地震后半小时内救出的被压人员存活率可达 95%，

第一天救活率为 81%，第二天救活率为 53%，第三天救活率为 36.7%。在这里，正确的自救方式十分重要。

自救是指被地震后的倒塌物压在下面的人自己创造条件脱离险境，或保存生命等待求援。一旦被震倒建筑物压埋时应克服恐惧心理，坚定生存信念，自谋策略，尽快脱离险地。如不能自行脱险时，要保持镇静，挣脱开手脚，捂住口鼻，防止倒塌建筑物的灰尘窒息，清除压在身上的物体，设法支撑可能坠落的重物，创造生存空间，不要大声呼叫，可用身边的石块等敲击物体与外界联系，以减少体力消耗，搜寻饮水和食品，延续生命，静待救援。